PHNブックレット 18
全国保健師活動研究会 企画・編集

コ・プロダクション：
公共サービスへの新たな挑戦
英国の政策審議文書の全訳紹介と生活臨床

【編 者】小川一夫、長谷川憲一、源田圭子、伊勢田堯

【監訳者】小川一夫、長谷川憲一

【訳 者】伊勢田堯、源田圭子、梶達彦、西いづみ、梅野充、矢花孝文、
鈴木基之、小川潤一郎、武田隆綱、小川一夫

萌文社

発行にあたって

　世田谷区の地下鉄桜新町駅を地上に出ると、都心の喧騒を忘れさせるような、ほのぼのとしたエプロン姿の"サザエさん"銅像が出迎えてくれました。その駅前の喫茶店で、全国研究集会の精神保健講座の打ち合わせのため、事務局の3人で、伊勢田堯先生と落ち合いました。

　先生に、精神保健福祉政策の世界の動向を訊ねたところ、イギリスの公共政策における"コ・プロダクション"思想について、熱く語ってくださいました。日本では経済成長のためにと福祉削減策が進む中、イギリスでは、福祉と経済の目標は一致するとうたっており、さらにはイギリスのシンクタンク組織が審議文書「コ・プロダクションという挑戦」を発表していること等々。その話に強く引きつけられた私たちは、このことを多くの保健師に知らせたいという思いから、早速先生に執筆を依頼しました。

　先生によると、コ・プロダクションとは、「専門家とサービス利用者が対等な立場で、相互に協力しながら、サービス内容と政策を決定する」という思想で、「精神科治療の行き詰まりだけでなく、行政が直面する難題に新たな方向性を見出すことのできるアプローチかもしれない。生活臨床が追い求めてきたものと共通するものでは」と述べています。

　私たちはこれまで、「生活臨床」講座で、患者・家族の人生を甦らせる、目を見張るような実践例に心を揺さぶられ、その知識、力量を身につけたいと求め続けてきました。しかし、先生は、長年精神保健行政に携わってこられたとあって、個の支援策にとどまらず、さらにその先を見据えていました。

　自治体に働く保健師として、公共政策のあり方は重要な課題です。現状では、このコ・プロダクション思想を公共政策にまで取り入れることはかなりのハードルを感じます。しかし、現場での地道なとりくみから発信していくことは大いに期待できると思います。

　暑いさなか、短期日にもかかわらず、翻訳、ご執筆いただきました諸先生方に、心から感謝申し上げます。

　このブックレットを、保健師をはじめ、様々な行政分野の人々が手にされ、役立てていただけることを期待します。

　2016年9月

　　　　　　　　　全国保健師活動研究会（編集担当　　林）

目次

〈発行にあたって〉……3

コ・プロダクションモデル紹介の経緯と期待…………………7

Ⅰ．はじめに　7
Ⅱ．コ・プロダクションモデルへの期待　13
Ⅲ．おわりに　18

＜翻訳全文＞「コ・プロダクション」という挑戦──公共サービスの変革のために、専門家と一般市民の対等な協力関係をいかに築くか……19

事業の概要　21
目　次　24
第１章　公共サービス改革の重大局面　25
第２章　なぜ効率化は効果的ではないか　34
第３章　コ・プロダクションとは何か　39
第４章　コ・プロダクションはどのように効果を発揮するのか　43
第５章　コ・プロダクションではないもの　52
第６章　より少ない費用で多くの成果　58
結　論　コ・プロダクションの次のステップ　64
文　献　70
公共サービス革新機構（LAB）とコ・プロダクション　74

イギリスにおける公共サービスの背景……………………………76

　英国における第三の道とブレアリズムの影響　77
　第三の道と行政　79
　社会企業と社会起業家　81
　第三の道とソーシャル・エクスクルージョン Social Exclusion　83
　第三の道と障害者政策　85
　問題点と今後の方向　89

コ・プロダクションと生活臨床……………………………………91

　はじめに　91
　Ⅰ．コ・プロダクションの概要　91
　Ⅱ．生活臨床の理念と方法　92
　Ⅲ．生活臨床に見られるコ・プロダクション
　　　──特に「作戦会議」について　98
　おわりに　99

　編集後記……………………………………………………………100

コ・プロダクションモデル紹介の経緯と期待

Ⅰ．はじめに

　コ・プロダクションについては、英国のジェフ・シェパード教授（Professor Geoff Shepherd）から情報提供があった。筆者が大会長を務めた第24回日本精神保健福祉政策学会へのビデオ出演による講演（2015年2月7日）、第10回日本統合失調症学会における特別講演（2015年3月27日）での彼のプレゼンテーションから、筆者は、はじめてその動向を知った。

　ジェフ・シェパード教授は、生活臨床としてもキーになる英国の友人なので、最初に簡単に紹介する。シェパード教授は、筆者が1988年に英国ケンブリッジのフルボーン病院に留学した時に、筆者のスーパーバイザーをしてくれた臨床心理士で、それ以来28年におよぶ友人である。また、筆者の後に、本編者である小川一夫先生、長谷川憲一先生が、同様にフルボーン病院に留学した際にもスーパーバイザーの役をとってくれたり、シェパード教授がご夫妻で群馬にも訪れてくれるなど、生活臨床の仲間との公私にわたる交流が続いている。

　というわけで、以下'ジェフ'と呼ぶことにする。ジェフは、職員数2500人規模のケンブリッジ州ピータバラ精神保健連携・サービス開発所長を定年退職した後、ロンドン大学教授、ロンドン精神保健センター研究部長、後に同精神保健センター ImROC（Implementing Recovery through Organisational Change、組織変革によるリカバリーの実践）のプログラム責任者を2016年3月ま

で勤めた。

　以上の経歴からも分かるように、ジェフは、精神保健サービスに関する英国を代表する臨床、研究、教育、行政に携わってきた方である。国内外における、その幅広い活動とそこから培われた人脈を生かして、精神保健医療福祉の改革を願うわが国の仲間たちを支援し続けている。数度来日し、わが国からの施設見学、留学を積極的に受け入れるなど、わが国の友人も多く幅広い交流がある。

　こころの健康政策構想実現会議による「こころの健康を守り推進する基本法の制定を求める国会請願署名」活動に寄せた彼のメッセージ（2010年11月1日メールによる受信）を紹介する。「100万人署名推進ニュース2010年12月24日増刊第3号」からの転載であるが、多少翻訳上の修正をしたところもある。

こころの健康政策構想会議の100万人署名運動に寄せて

　日本の精神医療改革に向けた署名運動を全面的に支援します。日本は豊かな近代国家であり、多くの技術革新や非常に優れたビジネスで世界をリードしてきました。今日求められているのは、精神疾患を抱えた人々やその家族のための医療サービスについても、同様の改革を行うことです。現在、大半の先進国では、「多職種からなる専門チームを活用した地域社会ベースのシステム」を導入しており、必要な場所で、必要な時に、そして必要とされる期間、治療を行える体制となっています。この体制により、回復し自分の生活を再開しようとしている人々にとって、治療そのものが妨げとなるような事態を避けることができます。当然ながら入院患者用の病床も未だに必要に応じて利用されていますが、世界各地で行われた最近の研究か

ら証明されたとおり、この新たなサービスにより、多くの人々が不必要に入院させられ、必要以上に長く入院生活を送り、退院後に不適切な治療が継続されるという状況を回避することができるのです。現在の最も重要な改革に、「早期介入」チームの導入があります。早期介入チームとは、本格的な精神疾患を発症したばかりの若者が出来るだけ早期に回復することを支援し、彼らが元の生活を取り戻せるように直接的に支援することを目的とするものです。こうした地域社会ベースの治療方法は、その費用対効果に関する研究により繰り返し証明されているように、従来型の病院ベースの治療よりも効果的で、コストもかかりません。よって私は、日本の仲間達の重要な取組みが真に成功するように願っています。日本の精神医療は早急に本当に変わらなければなりません。直ちに改革を実現しましょう。

ジェフ・シェパード教授
ロンドン精神医療センター、シニア・ポリシー・アドバイザー
ロンドン大学精神医学研究所、公衆衛生サービス研究科、客員教授

　さて、先のジェフのプレゼンテーションの中に、今まで聞いたことのない新しい情報が入っていた。デビッド・ボイル（David Boyle）、マイケル・ハリス（Michael Harris）による政策審議文書「コ・プロダクションという挑戦」（The Challenge of Co-Production）である。

　この政策審議文書は、新経済基金（new economic foundation, nef）とネスタ（National Endorsement for Science, Technology, and Arts, NESTA）による共同出版である。新経済基金は、イギリスのシンクタンク組織（彼らは、単に政策提言するだけではなく行動もするという意味を込めて、シンク-アンド-ドゥ タンク think-and-do tankと呼んでいる）であり、ネスタは慈善団体である。両者は、コ・プロダクションの発展と普及のために共同して精力的な活動を展開している。

　筆者は、早速インターネットに公開されている政策審議文書をダウンロードして目を通してみた。すると精神科治療の行き詰まりだけではなく、筆者が行政に携わった経験からも、行政が直面する難題に新たな方向性を見出すことの出来るアプローチかもしれないと直感した。しかも、生活臨床で実践している患者・家族・治療者が共同して治療方針を探り出す「作戦会議」の取り組み、すなわち、生活臨床が追い求めてきたものと共通するものが見て取れて興奮もし、励まされる思いがした。

　そこで、筆者は、東京都の精神保健福祉センター、群馬の生活臨床、民医連（民主医療機関連合会）の仲間たちに読書会を兼ねた勉強会の企画を呼び掛けた。そうしたところ、早速積極的な反応があり、生活臨床の発祥の地、群馬でコ・プロダクションに関するセミナーを開くことになった。「コ・プロダクション榛名セミナー」と銘打って1泊2日の日程で、下記のプログラムの下で実施した。筆者が呼びかけてから、わずか5か月足らずで実現したことになる。

　急ごしらえのセミナーではあったが、準備に当たりながらも当日業務が入って参加できなかったメンバーも含めて、皆の力を集めたそれこそ共同制作によって、楽しく、充実したセミナーとなった。これこそ、コ・プロダクションの持つ力ではないかと実感する体験ともなった。

　この貴重な経験を参加者だけのものにするのはもったいない、ぜひ出版して広く関係者にセミナーの内容を普及したいという声が持ち上がった。

コ・プロダクション榛名セミナー：プログラム

＜第1日＞10月3日（土）1:30～5:30pm
開会あいさつ：長谷川憲一榛名セミナー実行委員長（榛名病院院長）
第1部．コ・プロダクションとは
座　　長：源田圭子（東京都立精神保健福祉センター）
発表者：'The Challenge of Co-production' 翻訳担当者全員が順次報告する。各10分×8
事業の概要：伊勢田堯（代々木病院）
第1章　公共サービス改革の重大局面：源田圭子（東京都立精神保健福祉センター）
第2章　なぜ効率化は効果的でないのか：梶達彦（都立多摩総合精神保健福祉センター）
第3章　コ・プロダクションとは何か：西いづみ（都立中部総合精神保健福祉センター）
第4章　コ・プロダクションはどのように効果を発揮するのか：梅野充（都立多摩総合精神保健福祉センター）
第5章　コ・プロダクションでないもの：矢花孝文（みさと協立病院）
第6章　より少ない費用で多くの成果：鈴木基之、小川潤一郎（奈良・吉田病院）、武田隆綱（武田メンタルクリニック）
結　論　コ・プロダクションの次のステップ：小川一夫（中之条病院）
討　論：30分
第2部．コ・プロダクションと生活臨床
座　　長：伊勢田堯
発表者：小川一夫　50分
指定討論：矢花孝文　10分
梅野充（当日急用のため欠席）　10分
全体討論：30分
＜第2日＞10月4日（日）9:00～12:00am
第3部．事例検討；コ・プロダクションの実践的理解
座　　長：長谷川憲一
発表者：伊勢田堯　90分
スーパービジョンで関わったケース
特に「作戦会議」に焦点を当てて
指定討論：阿部幸枝（都立多摩総合精神保健福祉センター）　10分
　　　　　五十嵐陽子（都立精神保健福祉センター）10分
　　　　　佐藤りか（都立精神保健福祉センター）10分
　　　　　全体討論：30分
閉会挨拶　小川一夫プログラム責任者（中之条病院副院長）

昨年来、全国保健師活動研究会から生活臨床に関する本をPHNブックレットとして出版してほしいという依頼があったが、筆者は約束を果たせないでいた。セミナーに参加した保健師からも積極的な反応があったこともあって、渡りに船の企画となって、今回の出版の運びとなった。

　さて、'The Challenge of Co-Production'（「コ・プロダクション」という挑戦）はページ数も多くないこと、われわれが的確に要約することはかなりの努力を要することから、全訳して紹介することにした。全訳することになると翻訳権を取得しなければならない。新経済基金とネスタのホームページに公開された連絡先に接触してみても、数多くのメールの山に埋もれてしまう心配もあった。また、どこの馬の骨かわからない、しかも遠く日本からの依頼に対して、まともに検討してもらえるかどうか、確信が持てなかった。

　そこで、適切な担当者ではないかもしれないが、ホームページの中に個人担当者のアドレスを見つけて、その方に依頼文を送信することにした。しかし、その担当者が筆者のメールを見たとしても、まともに相手をしてくれる保証もない。こうした場合に頼りにしているのがジェフである。あらかじめジェフに了解を得たうえで、依頼メールのCCにジェフのアドレスを入れておき、ジェフからアシストしてもらう段取りを整えた。

　かくして、翻訳権料は払えないが翻訳権はもらいたいという厚かましい依頼ではあったが、両方の組織から、短期間のうちに快く翻訳を公式に許可するというメールが届いた。新経済基金とネスタの寛大な配慮に感謝したい。そして、ここでも、これまでと変わらないジェフの支援にも改めて感謝した。

　次の節では、筆者が、精神科治療の行き詰まり、行政が直面する難題に新たな方向性を見出せるのではないかと直感した事柄につい

て紹介する。

なお、コ・プロダクション榛名セミナーで紹介した生活臨床の作戦会議による症例の報告は、個人情報秘匿の問題をクリアすることができず、本出版では割愛せざるを得なかった。残念であるが、榛名セミナーの主要な部分の一つを本書で報告できないことを了解願いたい。

II．コ・プロダクションモデルへの期待

筆者が、コ・プロダクションモデルにより、現状を打開し、更に発展させられるのではないかと期待したことには、以下の三つのことがある。

1．精神医療における医師・患者関係と治療観の変革

精神医療は、医学モデルからリハビリテーションモデルへ、リハビリテーションモデルからコ・プロダクションモデルへと発展しているといえる。この発展過程の中で、医師・患者関係、治療者・患者関係も変化し発展してきた。

これまでの伝統的な医師・患者関係は、医師という専門家の診断と治療方針に患者が従うという一方向の関係であった。

医学モデル中心の時代にあっては、精神医療における医師・患者関係は、病気の診断と病理・症状を治すアプローチになるので、専門家である医師が診断と治療方針を決定して、その方針を患者が如何に忠実に守るかというコンプライアンスの原則に規定された。

その後、インフォームド・コンセントが強調されるようになり、病気治療中心から社会復帰を前提にしたリハビリテーションモデルの時代になった。その文脈上に、患者も進んで治療を受ける関係になることを促すアドヒアランスが強調されるようになった。

こうした医師・患者関係の発展にもかかわらず、医学モデル、リハビリテーションモデルに共通する特徴として、専門家の判断が中心となっているという限界があった。

　医学モデルの時代では、医師や専門家は、病理・症状を診ていれば治療の中心的役割を果たすことができたが、生活や社会との関連で病気の診断と治療を考えなければならない時代になって、医学的専門知識だけでは対応できなくなってきた。医師が、閉鎖的な診察室の中で、しかも限られた時間内に、患者を取り巻く社会生活まで把握した上で、的確な診断と治療を提供するという"すべてを知る名医"を演じることは困難である。

　一方で、患者・家族の側にとっても、関連する情報を自ら集めて自己決定して、自らの責任で治療法を選択することは容易なことではない。あふれるほどの情報や時には不適切なネット情報に振り回されたりすることもある。特に、精神障害の場合は、治療の対象とするテーマは、その人の生活や人生にかかわる個別的な問題であるという複雑さもある。

　また、治療を進めると、社会生活に直接関わらざるをえなくなる。患者の希望を社会生活の中で実現するとなると、学校・職場・近隣住民や地域の対応の改善や改革を求めることも必要になる。根強い偏見に満ちた社会にあって、当事者・家族だけで地域・社会に立ち向かうことは、勇気も要るし、その方法も難しい。そうした場合、当事者・家族とともに地域・社会を変革するための仲間が必要になる。当事者・家族と地域の関係する人たちとの協働は欠かせない。かくして、医師・治療者という専門家と患者・家族・友人・近隣の人たちと協働する取り組み、すなわち、コ・プロダクションモデルの登場が期待されるところである。

　また、治療やサービスの内容の発展にも、コ・プロダクションモ

デルが貢献しそうである。医学モデルとリハビリテーションモデルは、症状、生活障害、環境の欠陥としての社会的不利（ハンディキャップ）の治療・訓練・改善を中心にしてきたことによって、人としての回復（リカバリー理念、人間中心の治療と支援）の時代に対応できなくなっている。

　医学モデルとリハビリテーションモデルでは、患者、家族、地域社会、それぞれの側面に存在する健康部分、長所、有利な点などの肯定的側面の活用に目が向きにくくなるという限界があるからである。

　筆者は、以上のような困難や限界を乗り越えるアプローチとして、コ・プロダクションモデルに期待を寄せたところである。

　コ・プロダクションの基本原則は、サービス利用者と専門家の間の対等性と相互性の関係（an equal and reciprocal relationship）を基盤にし、サービス利用者と専門家との間の信頼関係を築き、それぞれの長所・持ち味を発揮しあう協働の取り組みを推進することである。その際には、コ・プロダクションモデルにあっては、症状や生活障害（生活のしづらさ）の治療や改善が中心的なテーマになりえないからである。

　コ・プロダクションモデルでは、何よりも未来を見通すことのできない困難な状況にあっても、またそうであるからこそ、その困難を打開する協働の取り組みは双方を励まし、実り多いものになる。また、たとえ、明確に困難を解決できなくても、そのプロセスそのものが治療的になる。コ・プロダクションのアプローチそれ自体が治療的効果をももたらすのである。

　更に、より本質的な問題として、コ・プロダクションモデルにあって、医学モデルやリハビリテーションモデルに乏しい視点は、予防に対する視点である。コ・プロダクションモデルでは予防は中心的テーマの一つであり、予防に勝る治療やリハビリテーションはない

からである。

2．生活臨床による「作戦会議」とコ・プロダクション

　筆者らは、生活臨床の家族史療法（以前は、家族史的家族療法と称していた）における「作戦会議」の取り組みは、コ・プロダクションによるアプローチと共通するものがあると考えている。

　「作戦会議」では、人生と家族運営の行き詰まりを解消するために、患者・家族と治療者がそれぞれの立場から意見を出し合って、解決策を協議して実行に移すものである。すなわち、①複数の治療者が患者の生活史と数世代にわたる家族史を聴取し、その所見を分析し、家族運営と患者の人生の行き詰まりを解消する基本戦略を策定し、患者・家族にそれを提示する、②患者・家族、治療者からなる「作戦会議」で、基本戦略を検討し、必要な修正、改訂を行った上で、その基本戦略を実現する具体的方針を決定する、③その方針に基づく生活課題の実現を支援し続ける、ことである。

　その際、コ・プロダクションモデルの原則におけるサービス利用者と専門家の間の対等性と相互性の関係を形式的な手順としてはならない。対等性と相互性の関係にあっては、患者・父親・母親、そして、専門家からも率直な意見を出し合い、検討しあう建設的な関係を築くようにしなければならない。対等性とは、言うまでもないことだが、専門家は発言を控えて、患者や家族から発信される言語的メッセージに従うことではないし、その逆でもない。専門家は専門家としての見解を率直に提示することが、作戦会議を活性化して効果的にする重要な要件である。

　患者、家族、治療者が、真の意味での対等で相互の立場を尊重しあうことがコ・プロダクションモデルの真髄である。患者・家族と専門家が対等な立場で検討するので、時には厳しいやり取りが展開

されることもある。しかし、仮に厳しいやり取りがあったとしても、患者の人生の行き詰まりを打開するための協議なので、筆者の経験では、後にしこりを残すことはない。相互に困難を乗り越えようとする者同士の連帯感とか仲間意識が生まれるからである。そして、あるケースのように、結果として、「地獄のような生活から夢のような生活」が実現するとなると、尚更、コ・プロダクションを実践する者同士の喜びを分かち合う関係が生まれてくる。

こうして、筆者は、「作戦会議」のアプローチとコ・プロダクション思想の間で共通するところを見出し、勇気づけられるものがあった。

詳しくは、後の章で触れるが、「生活臨床と家族史研究」（やどかり出版）、「生活臨床の基本」（日本評論社）も、是非参照願いたい。

3．行政の問題、政策決定システムの問題への示唆

洋の東西にかかわらず、保健、医療、福祉、教育、司法などの公共サービスでは、行政がサービスを提供し、国民がサービスを受けるという図式は数々の深刻な問題をもたらしている。行政における政策決定システムの行き詰まりと行政サービスの貧困は深刻である。わが国の慣例ともなっている利害関係者を集めた「あり方検討委員会」に見られる審議会方式による政策決定システムでは、サービス利用者・国民の声はかき消され、既得権益が維持、拡大されることになる。

その結果もたらされる詳細で難解な手続きと画一的なサービスは非効率的で、サービス利用者と現場のサービス提供者を悩ませている。政策決定システムにおいては、「政治献金の額」とか「声の大きい団体」が幅を利かせ、結果として、真に求められるサービスのための理不尽な予算の削減をもたらし、誰のためのサービスなのかという憤りが充満することにもなる。官僚制度のお決まりのコースである。

現場レベルでは、国民の側からすると行政の厚い壁に直面して泣

き寝入りすることが少なくない。やり場のない怒りを直接対応している職員にぶちまけることもある。その攻撃対象になった職員はうつ病など精神障害を発症し、休職せざるを得なくなることもある。ひどいときには、命の危険にさらされることもあり、現場のサービス提供者にとってもストレスに満ちた環境である。

そのような環境では、保健医療福祉の現場のサービス提供者は、その状況に相応しい仕事を創造的に展開するというよりは、管理者の指示のもとにマニュアル化された仕事をして、失点をしないことに腐心したり、医療現場では、訴訟対象にならないことに腐心するあまりに「萎縮医療」になったりする傾向も生じてしまう。

しかしながら、こうした傾向をとらえて、公務員や医師の怠慢とか隠ぺい体質などと現場担当者を非難することに終始してはならない。問題はシステムの障害にあるのに、個人の責任にして本質的問題から目をそらしてしまうからである。こうした事態は、国民にとっても、サービス提供者にとっても不幸なことである。

もし、専門家とサービス利用者が対等な立場で相互に協力しながら、サービス内容と政策を決定する時代が来れば、お互いがサービスに関わるので、納得づくで、効果的、効率的なサービスになる可能性がある。サービス利用者だけではなく、公務員、医療機関で働く者にとっても楽しい仕事ができる環境が整う時代が到来するだろう。

Ⅲ．おわりに

以上、本書の導入としてコ・プロダクションモデル紹介の経緯と期待について述べた。

（伊勢田堯）

＜翻訳全文＞

「コ・プロダクション」という挑戦

公共サービスの変革のために
専門家と一般市民の対等な協力関係をいかに築くか

デビッド・ボイル（David Boyle）
マイケル・ハリス（Michael Harris）

「コ・プロダクションは次のような変革をもたらす。すなわち、コ・プロダクションは、システムをより効率的に、より効果的に、より地域社会のニーズに応えるものにする。さらに重要なのは、コ・プロダクションは、社会的ケアをより人間的に、より信頼できて、より価値あるものにし、さらに、それらが相まって、ユーザーに則したものにすることである。」
フィル・ホープ(Phil Hope)国会議員、ケア・サービス閣外相、2009年3月[1]

「国民は、国のサービスの受動的なユーザーではなく、自らの人生を能動的に営む主体になる。国民は、自身とその家族にとって適切な選択をするものと期待されている。国民は行為者であり、受け手ではない。」
デヴィッド・キャメロン (David Cameron)、2007年1月[2]

「我々は国の機構の中で全くの嘆願者になるのではなく、我々の健康に責任を持つようになるべきである。」
ニック・クレッグ (Nick Clegg, The Liberal Moment)、2009年[3]

事業の概要

　「コ・プロダクション（co-production）」という着想は、英国にすでに浸透しはじめている。政策立案者は、この用語をスピーチの中で用いており、英国政府の戦略文書やシンクタンクの報告書に登場する機会も益々増えている。

　こうした動きは、我々にとって、重要で心躍るような変化である。すなわち、我々は、専門家との対等な協力関係のもとでサービスを構築・提供するようにユーザーを促すことが公共サービスの改革にとって重要であると主張し、コ・プロダクションの趣旨に沿った形で新たな対話を形成しようとしてきたからである。公共サービスのユーザーが大きな隠れたリソースであって、サービスを変革するため、そして、それと同時にユーザーの周囲の人たちの力を発揮させるために活用できるのだという考え方が浸透する時期が到来したようである。

　こうした動きになぜ関心が集まるのか、その答えは簡単である。政策立案者がどう認識しているかは別にして、公共サービスの改革と改良に向けた従来の取り組みは、ある意味自然な流れであった。確かに、ある分野では重要な改善が見られた。しかし、我が国の公共サービスは、需要の拡大、高まる期待、一見解決しがたいように思える社会問題、そして多くの場合において予算の削減という未曾有の事態に直面している。これらの困難は従来の改革によって効果的に解決できるものではなく、公共サービスの抜本的革新を周辺的課題から中心的課題にする必要がある。ここで問題になるのは、ど

のような分析と原理がこの抜本的革新に必要となるかという点である。

　本稿で述べるとおり、公共サービスを考える新しい方法としてのコ・プロダクションは、保健、教育、政策作成等のサービスをより効果的、より効率的、そしてより持続可能な形で実現できる可能性がある。

　英国では、たとえまだその認識は広がっていないにしても、コ・プロダクションという分野が新たに生まれている。非常に活気のある革新的な分野である。コ・プロダクションを活用した分野は、公共サービスにおいて生じている地域主義と相互主義に関する議論に決定的に重要な視点を提供している。

　新たな概念が生まれる時にはよくある困難であるが、コ・プロダクションという概念が関連する幅広い概念を網羅すべく、しばしば曖昧に用いられている。合意された定義はなく、多くの人々は、この概念の起源やその深い意味合いを今のところ明確に理解していない。我々はコ・プロダクションによって公共サービスの根幹をどのように変革できるのかを理解する初期段階にいるわけであるが、政策立案者の間では当然ながら、新たな有効なアプローチを見出す緊急性に迫られている。このため、現在は公共サービスにとって創造性に富んだ時期になり得ると同時に、危険な時期でもある。

　これは、コ・プロダクションという挑戦である。すなわち、コ・プロダクションとは既存の改革に対するアプローチを痛烈に批判するものであるが、政策や公共サービスの根幹に実際に影響を与えるためには、より強固な合意に基づいた理解とエビデンスが求められる。

本稿は、コ・プロダクションに関するより深い理解とより強力なエビデンスのための基礎を提供するものである。現在はコ・プロダクションという用語が多様な意味に使用されていることから、本稿では、何がコ・プロダクションに該当しないかについても説明する。コ・プロダクションが的確に理解されれば、最も重要な公共サービスの革命が、1942年のベヴァリッジ報告（Beveridge Report）以来なぜ確実に実現されると考えられているのかという点についても論じる。公共サービスの改革がなぜ行き詰まっているのか、なぜサービスの企画と提供をユーザーと共有するという根本的に新しいアプローチが、この行き詰まりを解消し、一般市民にとってより効果的に、政策立案者にとってより費用対効果が高く、そしてすべての人にとってより持続可能性の高いサービスを実現することができるのかという点について究明する。

　ひとつの論文で我々が必要とするすべての答えを出すことはできない。コ・プロダクションの精神に則り、この分野において更に発展するためには、公共サービスの専門家と彼らの関わる地域社会の見解と経験を基礎にする必要がある。この出版は、新経済基金（new economic foundation, nef）とネスタ（National Endorsement for Science, Technology, and Arts, NESTA）との協力体制の幕開けとなるものである。特に最前線の実践家とともに取り組み、彼らから学ぶことによってコ・プロダクションに関するエビデンスを構築し、そしてそのことから公共サービスおよび政策立案において、コ・プロダクションにとって一層好ましい環境を整備しようとするものである。

（訳：伊勢田　堯）

「コ・プロダクション」という挑戦

目　次

第1章：公共サービス改革の重大局面　25

第2章：なぜ効率化は効果的ではないか　34

第3章：コ・プロダクションとは何か　39

第4章：コ・プロダクションはどのように効果を発揮するのか　43

第5章：コ・プロダクションではないもの　52

第6章：より少ない費用で多くの成果　58

結　論：コ・プロダクションの次のステップ　64

文　献　70

第1章　公共サービス改革の重大局面

　福祉制度の土台は、ウィリアム・ベヴァリッジ（William Beveridge）によって60年以上前に築かれた。彼はそれを「世界史における革命的な瞬間〜単なる継ぎあてのような修復ではなく革命である」と呼んだ[4]。アンナ・クート（Anna Coote）とジェイン・フランクリン（Jane Franklin）は、現在進行している変化を同じように表現した[5]。イギリスの福祉制度は、社会のあり方と国の財政に強力な影響を及ぼしてきた。しかし、この平和で豊かな60年の間、福祉制度は収入や健康度の格差を減じたり、社会的な団結力を強めたりする方向には向かず、問題に取り組んでくることができなかった。劣悪な環境や財政システムの機能不全を改善する必要がある。

　現在のサービスがきちんと整備されていないのは、基となるシステムが整っていないからである。今や、公共サービスに十分な財源を供給するための経済的な成長の持続を期待することはできないし、システムが効果的であることを見せかけに保証する市場を信頼することもできない。財政システムが不確かなものであるので、市場は格差に取り組むことはできない。また、監視されないままの成長はリスクが大きい。サービスや今後の方向性が劣化していくのを避けるためには、サービスを再構成するための新しい発想が必要となる。

　対象者や給付するサービスなどを中央集権的に管理する手法のせいで、公共サービスは制約を課されるようになった。サービスの多

くは焦点を限定することになり、専門家と患者の関係や教師と生徒の関係が損なわれることとなった。異なるカテゴリーのサービスに区別をつけたり、専門家とクライアントを分けたり、サービスによって予算を分割したことは、政策立案者の思惑に反して、以前よりもシステムを柔軟性に欠いたものにしてしまった[6]。公共サービスをより効果的なものにしようと思うのならば、サービスを再形成するための新しい発想が必要となる。

上記のことが、コ・プロダクションが生み出されることとなった背景であり、公共サービスをより効果的で費用効率の高いものとする具体的な構造と手続きが必要となる理由である。また、政策立案者が、第二次世界大戦以前の福祉の背骨となった、相互主義や地域の自助機構を学び、ベヴァリッジ合意以前の福祉を振り返る必要があるとする理由である。

1945年以後の福祉

資本主義経済は繁栄と成長をもたらしたが、その一方で社会的格差がもたらされた。そこで、経済と社会の関係を和らげ、社会的格差を軽減し、富とチャンスの再分配を行うことが福祉に期待された。いわゆる「ゆりかごから墓場まで」という枠組みであり、健康と教育の無料システムが供給された。

これは社会階級による格差に取り組むために立案されたが、男性の労働による給与と女性の家庭への献身という形に頼ったものだった。この枠組みに対し、専門的な知識や判断という立場から疑問を呈されることはなく、人々は専門的なアドバイスやケアを信頼した。

しかしこうした枠組みは、自助、相互扶助、社会的ネットワークに関して政策的な分断を行うことになり、分断された双方に懐疑論や深い不信感を起こすこととなった。

新保守主義

このパターンは、サッチャー政権が社会的、経済的格差への対応よりも経済成長を優先させるようになるまで、保守党、労働党政権によって踏襲されてきた。サッチャーによる新しいアプローチは、これまで福祉の成長であると保守派が考えてきた枠組みが、国の経済を損なうものであり、「依存の文化」ともいえるものであることを示した。

専門的知識の持つ人への挑戦が並行して現れ、人々はサービスに対して意見を述べ、責任を持ち、選択の権利を持つ消費者として見られるようになった。公的サービスは当事者に即した形で供給されるようになり、サービスにおいて契約するということや、サービスの効果の検証が行われるようになった。

第三の道

1997年以降、新労働党（New Labour）あるいは「第三の道」がイギリスにおける政策立案と実践を行うようになった。古い左派や新しい右派から距離をおき、両派の対立する意見を調整する試みであった[7]。

批判的に考えれば、これは、より中央集権化されたモデルのようにも見える。莫大な資源を調査し、改善に対する動機を持つターゲットに資源を短期間で割り当てるというものであったからである。

しかし、このアプローチは、サービスに対する要求を煽ることによって構造的な格差に取り組むということには失敗し、かつ、地域が責任を持って新しい社会的ネットワークを構築することにはならなかった。消費者の選択というレトリックが重視され、相互扶助は無視されていたのである。機会の分配の増加の一方で、こうしたシステムへの需要は高まり続けていた。

圧倒的な経済的困窮が生じたことから全ての説の再考に焦点が当てられることとなった。投資の増加に頼り続けているようなアプローチは、実現可能とはいえそうにない。サービスの欠乏の原因やサービスの必要性を直視しなかったため、新労働党は以前に行われていたサービスと、現在必要十分なアプローチの弁別に失敗した。しかしこれは今現在の経済的危機のせいというだけではない。デレク・ワンレス（Derek Wanless）によるNHS（国民保健サービス）の研究や、スウェーデンにおける研究は、自助システムを構築せずに、課税に基づいた福祉システムを維持するということが膨大な負担となりうることを示している[8]。

しかしながら、政策レベルにおける基本的な問題が存在する。第三の道による福祉には先進的なアプローチが欠けているのである。我々はこれまで、過剰にリスク回避的となったシステムやそのシステムの維持に専心するスタッフの雇用といった柔軟性にかけた福祉システムを創ることになってしまい、より効果的な共同体づくりを発展させることはできなかった。システムデザイナーのジェイク・チャップマン（Jake Chapman）が指摘しているように、サービスは共同体作りにとって効果的ではない方法で再構成されていた。我々は小包やピザの宅配システムを使っているが、そのやり方は健康や

教育対策にとって同様に効果的というわけにはいかない[9]。

現在、公的サービスの変化に関連した一連の問題がある。その問題は以下のようなものである。

期待はずれの選択：「選択肢を与える」という政策は、過去30年において、公的サービスの中心であり続けた。しかし、人々が実際に求めているものに応えていたかどうかは疑わしい。

まず最初に、選択にはなじまないサービスが有る。最も明らかなものは警察と裁判である。二番目に言えることは、実際に供給されたものは、選択という様式にあてはまらないということである。教育場面において、生徒を選ぶのは学校である。サービスの管理者は、ユーザーに選択肢を提示するものの、それは全てほとんど同一のシステム内の選択肢である。たとえば、大規模先進的な病院や、画一的なカリキュラムを提供する大規模学校など。

三番目に挙げるのは、この議論で最も大切なところであるが、選択が可能であったところで、そのサービスを給付される人々と専門家の関係を動かす必要があるということである。少ない中での選択を給付するということは、人々と地域の学校やGP（家庭医）の間のリンクを切ることを意味する。それは「より個人的なサービス」という名のもとに行われる。多くの人が公的サービスにおいて求める選択（支持的な専門家との継続的で丁寧な関係）はますます成立しなくなる。「選択」はエンパワーメントを現実化させるのではなく、逆に弱めているのである。

中央集権化された意思決定：中央集権的なターゲットのコントロールは、公的サービス改革のための取り組みを凌駕してしまった。非常に複雑なコンプライアンス、監査制度が必要となり、またそれはしばしば誤解を招くようなデータとなった。グッドハートの法則（Goodhart's Law）はターゲットとして特定の数的データを規定しようとすると、そのデータは動向の指標として信頼できなくなると説明している[10]。

このことは特にボランティア・セクターが提供するサービスにあてはまる。ブリストル・ドラッグアクション・チーム（Bristol drugs action team）のメンバーは、マネジャー、資金提供者、政府によって煩雑すぎる作業手続きを課される。その結果、チームメンバーが実際に薬物問題に取り組む時間は40％以下であったことが報告されている。モニタリングは、中央集権的統制に伴い、ほとんど宗教の域に達している。報告者はこのマネジメント制度を一種のアディクションに例えた[11]。短期に成果を出すことへの中央からの要求は、ドラッグユーザーが欲望を即席に満足させることに似たようなものである。目標設定方式は、非現実的統制をもたらして不正確なデータに基づくので、今行おうとしている挑戦からみると、ひどく非効率的である。

限定的なアウトプット：市場の広がりと契約文化の成長で、多くの公的サービス機関は、特定の結果を出すことにのみ専心するようになった[12]。このことにより、地域で創造され育まれていた公的サービスの付加価値は弱められることになった。サービス実施者は自分たちのクライアント同様、問題に取り組むための手段も資源もなく、絶えざる要求にさらされるだけであった。委託のプロセスでは、弱

小ビジネスや地域の組織は除外され、一定の主要な入札者に制限され、競争の原理は損なわれ、コストの上昇を招いた。こうした要因によって公的サービスを革新しようとする試みは損なわれ、より効果的に働こうとする前線のスタッフの意欲も損なわれた。

関係性の弱体化：パブリックセクターのITへの巨額の投資（過去10年で700億ポンド以上）により、前線のスタッフの技術を軽視する傾向が強まった[13]。また、サービスの非効率性を排除する傾向も強まった。これは、縮小し、定義づけ、基準化し、具体的に処理するためのプロジェクトであった。その結果、対面式の関係は弱体化し、成功と失敗の区別が明示された。政治研究センターのジル・カービー（Jill Kirby）は、「政府のコンピュータデータベースへの信頼からすると、情報の追跡方法が、専門家同士の直接の情報の共有からITにとってかわられるのを避けられないだろう」[14]と記している。専門家とクライアントの間の関係がこうした変化と同じことになるのであれば、サービスの運用はより高価なものになるであろう。それは誤った方向性であるといえる。

結果より手続きを優先させたこと：人々の役に立っているかどうかということとは無関係に、公的サービスにおいて二つの因子が活動数を増加させている。公的サービスにおける契約は、活動の回数に基づく支払いがなされるように規定され（例えば、患者との面接や電話対応）、人々がそうした処遇を必要とするかしないかにかかわらず、処遇回数は莫大に増えている。システム分析者のジョン・セドン（John Seddon）は、「地方自治体への不適切なコールの割合が80％の高さというのは、他の公共サービスが40％であるのと較べると、機能不全状態といえる」と主張している[15]。しかし、サービス

提供者に対して、この割合を縮小させる動機になるものはない。病院への支払いに関しても、連続的で効果的なケアの促進というよりもむしろ、その時々の治療や再入院を促すようにアレンジされている。政府のレビューや監査委員会によって助長された、フロントオフィスでの直接対応とバックオフィスでの間接対応の間の断絶は、サービスを真に必要とする人々を犠牲にしてまでも、サービスにおける忙しさを増大させる傾向にある。

作られた要求：消費者言語の増加によって、公的サービスの商業的なふるまいが助長されるようになった。また、実際そのサービスが役立ちうるかどうかというよりも、人々の要求にのみ焦点をあてることで、サービスはユーザーの力を奪ってしまい、最初に生じた問題への予防的な対応は何らなされなかった。この結果、特に専門的な援助を必要とする者へのサービスは、深刻な状態にある者にのみ割り振られることとなった。リカバリーは、サポートが終わらないように先延ばしにされた（もしくは抑圧されさえした）。サポートを失うことへの恐れが変化を妨げる強力な動機となるところは、雇用サポート資金のケースと同じように見える。こうした状況においては、要求は際限なく生じてくるであろう[16]。

　こうした問題が、公的サービスにおける現在の危機の中心になっている。公的サービスのモデルもまた制度と給付方法において最少の選択肢を提示している。それは前線のスタッフ、スタッフの担当するクライアント、その他それぞれのストレングスを持つ人々との関係を損なっていくものである。このような事態は、組織化の失敗、誤謬や想像力の欠如、過度の単純化に結びつく。

このことはまた、コストの上昇にも関与する。人間関係（専門家とユーザーの、もしくはユーザーと友達や近隣住人との関係）が「効率」の名のもとに公的サービスの供給から除かれるならば、その時、これらは改革や柔軟性、学習そして目標を効果的に達成しようとするための公的サービスの組織化を阻害する。

　次章から示すように、コ・プロダクションは専門家とユーザーが、ある時は科学技術によって、ある時は専門家の管理によって、またある時は見せかけの効率によって、人為的に分断されてきた事への批判として生じた。サービスのデザインや給付方法を共有し、ユーザー自身の知恵と経験を用いた、より効果的な強力な方法がこれから示される。

（訳：源田圭子）

第2章　なぜ効率化は効果的ではないか

　現在、NHSだけで今後数年間で150億ポンドから200億ポンドを節約する必要があるという見込みのもとで（そして保健は優遇されがちなサービスの一つで、各政党の公約でもこの領域の原資は減らさないとされるのが常である）、公共サービスの予算に対してすべての人々が注目している[17]。しかし効率よく節約することへの関心は目新しいことではない。公共部門の効率についてのピーター・ガーション（Peter Gershon）の2004年のレビュー以来、換金可能型節約（訳注：ガーションは効率化を、財源を減らす換金可能型節約と成果を改善する換金不能型節約の2つに分けている）の年間目標（3〜10％）が、公共部門の予算に要求されてきた。ガーションは主流ではなくなってきたが、中核となる目標は今も残っている。「効率」は公共サービス改革の操縦者になっている[18]。

　政府は、地域の公共サービスコミッショナーがどの公共サービスと契約するかの選択基準の中心に――財政上の狭い意味で定義された――効率を置くことを期待している。その効率は、中央から供給されるサービスを共有しつつ民間部門の秩序に似せた、市場原理を通して達成される。ガーションは節約によって最前線の現場のために使える原資が得られるだろうと言っているが、この種の短期財政的効率化が、社会や環境に与える良い効果について――これらは、サービスをより効果的にして、長い目で見て経費を下げるために重要であるかもしれないのだが――幅広く配慮する機会を狭めてしまう傾向があることを、エビデンスは示唆している[19]。

この偏狭なモデルに基づく委託サービスは、さらなるコスト削減を妨げる不用意な影響を与え得る。なぜなら活動に対する支払を基本にした契約なので、より安いかより効果的な代替案を用意しようという動機をほとんど与えないからである。契約書も、『商業機密』のベールの陰に実際の経費をあいまいにする傾向がある。

　英国財務省の手引き（グリーンブック）は、「ユーザーの必要を満たす福利やサービスの生涯コストと質（あるいは目的に対する適切さ）の最適な組み合わせ」に、金額に見合う価値があるということを明確に示している。グリーンブックは続いて、「金額に見合う価値とはもっとも安い入札によって商品やサービスを選択することではない」とし、「市場価格のない、より広い視野に立った、社会的、環境的な費用と便益に対しても何らかの評価がされる必要がある」と強調している。しかし実際には、リソースは公共部門の財源や公的資金としてのみ理解される傾向にある。これは、市井の人々と彼らの持つリソースを無視していることを意味する。金銭的価値を有するものだけが計算されている。こうしたレンズを通して見るので、「効率」は、価格を下げることやコストの削減に焦点を絞ることを求めるだけになってしまう。

　この費用－効率ゲームには、公共サービスの提供に「安かろう悪かろう」をもたらす危険がある。得られる結果の幅が狭まることによって、視野が短期的になることが助長される。この道筋は最近の財政状況の中でさらなる問題をはらむ。お金を節約するための案の多くは、サービスは本質的に変わらないことを前提とするだろう。つまり、サービスの必要性が生じることを予防してよりよい成果を

もたらす長期的な改革に焦点を当てず、同じことをやってそれをより安くすることを試みるだけだろう。公共サービスが真に改善され効率的になるためには、単に費用を最小化することではない。公共の便益の観点から見て有望な成果を最大にすることに焦点を当て、問題が危機的になる前に遡ってその問題に取り組まねばならない。危機的状態に対処するための高価なサービスの需要を減らす予防に、公共サービスが実際に取り組むために、思い切った刷新が必要である。ここに、将来の相当な節約が見出されるだろう。しかしながら、現在の偏狭な効率への焦点化は軽率にもその可能性を損なっていく。

　公共サービス改革の最近のモデルでは、簡単に原価が計算でき簡単に達成できる変更が注目を集め、多くの場合モデル化することがより困難な予防的介入から注目とお金を遠ざける。しかし、結果だけに基づいた偏狭な効率で成功を測ることは難しく、誤解を招く危険性がある。サービス提供機関は、広い範囲の処理すべき目標に合ったサービスを提供することができるが、それでもそれらのサービスが便益を与えると想定されている人々に対して、その転帰を改善することができない可能性が十分ある。

　2007-8年度英国議会の行政特別委員会は、公共サービスと第三セクターを検証した。彼らは、「付加価値」が、社会の中からそれを獲得することに、国家がきちんと目を向け続けるべきものであると、新経済基金（new economics foundation：nef）と同意した。彼らは契約書に記載されている達成事項についてだけでなく、全てのサービスのより幅広い効果について、その費用と便益を検証することを公共サービスコミッショナーに促した。このことはサービス

をより効率的にするだけではなく、より効果的にもするだろう。彼らは以下のように言っている：

「その批判は…幅広い社会的、環境的便益のように、測定することがより困難な効果の指標よりも、容易に測定できる財政的な効率を重視する公共サービス改革の全体的な方向性に対して疑問を投げかける。サービスの有効性を測定するための新しいモデルについての新経済基金の提案は…政府の中枢においてだけではなくより広く、熟慮されることを間違いなく保証する[20]。」

これは簡単にはできない転換かもしれないが、──公共支出のほんのわずかな部分しか予防、すなわち人々を将来の問題から防護することができるソーシャルネットワークを創ることに費やされていないのだから──現在の支出のバランスは確かに効率的ではない。例えば、ひとつの先行的な全地域調査エリアとして、バーミンガムは同じエリアで公的資金の使途を調べ、保健支出の2パーセント未満しか不健康を予防することに使われていないことが分かった[21]。

お金が費やされている場所におけるこの根本的な非効率性が認識されているにもかかわらず、サービスに焦点を当てて節約を試みる、例えばどこで節約ができるかに関する、偏狭な効率モデルに改革者達も遭遇する。バーミンガム市議会の政策責任者ジェイソン・ローサー（Jason Lowther）は以下のように言った。：「子育てのクラスはうまく行っていることが示されており、議会が1ポンド費やすごとに4ポンドが公共部門に戻ってくる。しかし、このうち1ポンドだけしか議会自体には戻ってこないので、我々は1ポンドを節約するのに1ポンドを費やすことになり──それで良いのだが、パッとしない。そして、他の共同事業者は、何もしないで3ポンドを得る。

だから我々は、どうすればより多く払い戻せるかの話し合いを始めている[22]。」

　国家レベルでしか解消できない、発展へのいくつかの大きな障壁もある。一つの大きな躓きの石は、成否が判定される時間の枠組みである。ローサーは次のように言っている。「節約が何年か後にしか現れない場合、短期的な財政の見通しの存在は歳出を不可能にする。だから我々はより長い見通しについて財務省と話をする必要がある。――私たちは３年、５年あるいは10年、15年を見通すことができるのか？」[23]

　現在の効率という偏狭な基準によってでも、コ・プロダクションは他のサービスとの財政面での競争に耐え得るとはいえ、このアプローチの金銭的な価値が認識され、考慮され、見積もられる前に、我々は更に幅広い目標を、バランスシート上に並べることができる必要がある。

　　　　　　　　　　　　　　　　　　（訳：梶　達彦）

第3章　コ・プロダクションとは何か

　次の12か月間、鍵となるチャレンジは、実施者と一般市民が一緒にコ・プロダクションの価値を捉えた記述を作り上げることだが、それは実践を反映し、実践に向けられるものである。この文書の目的のために、我々は次のような実用的な定義を用いる。

　「コ・プロダクションとは、専門家とサービスを使う人々やその家族・近隣が、対等な相互関係の中で届けられる公共サービスを意味する。活動はこうしたやり方で共同制作され、サービスと地域の両方が、はるかに効果的に変化する。」

　我が福祉国家は過去三世代にわたり多数の人々の生活を改善してきた。けれども、概して言えば、ベヴァリッジ報告が示唆したように、人々をより健康に、より自立的にしてきたわけではない。私たちがみてきたようにコストやサービス需要が徐々に減少していくどころか、全く正反対のことが起きてきた。コ・プロダクションの批評において、意識的であれ、無意識であれ受け身な受給者としてサービスユーザーを続けることは、彼らのスキルや時間を浪費するばかりでなく、組織的な変化が生じない理由でもあると評している。

　人々は何も求められず、自分の示した価値が無視されたり、故意に第一線から退かされれば、委縮してしまう。社会的需要が生じ続けている事実は、相談支援の失敗や意見調査の失敗によるものではなく、さらなる社会資源の開拓の失敗によるものですらない。それ

は、自分達の持つスキルを使い、自分達自身を助けるように人々に頼みそこねたことによるものである。このことがコ・プロダクションのアイディアの鍵となる洞察である。コ・プロダクションの理論家は、これが忘れられた変革のエンジンであり、システムが働くか失敗するかの違いを左右すると示唆している[24]。

コ・プロダクションの中心となるアイディアは、サービスを使う人々自身がシステムを枯渇させることのない隠れた資源であり、この資源を無視するどのようなサービスも有効ではないというものである。現在、ユーザー、クライアントあるいは患者と定義されている人々が、公共サービスの専門家を活かすための不可欠な要因となる。彼らは、私たちが見逃してきた家族や地域社会といった地域レベルのサポートシステム、社会の発展と同様に経済活動も強化するようなサポートシステムの基礎となるブロックである。このことはエドガー・カーン（Edgar Cahn）博士のいう人権の洞察でもあり、彼はコ・プロダクションの概念を実際的な公共サービスの計画にまで発展させた（第4章参照）。カーンは、コンピューターの比喩を用いている。コンピューターは強力で専門化されたプログラムを作動しているが、その全てのプログラムは、基礎的オペレーティングシステムに依って成り立っており、それぞれのプログラムは独立して機能することはできない。

同様に、犯罪・健康・教育を扱う専門化されたサービスも、家族・近隣・地域、市民社会等によって構成されるオペレーティングシステムに依って支えられている。経済学者のネヴァ・グッドウィン（Neva Goodwin）はこのオペレーティングシステムを「コア経済」と呼んだ[25]。このコア経済の存在を認め支えることに失敗した結果

は、孤立、時間不足、低いレベルの信頼、約束、及び社会の下部構造として私たちの周りにあふれている。丁度、私たちがその価値を確立するのが難しいという理由で環境にただ乗りしてきたように、私たちはどれだけコア経済が重要かについて気づいていなかった。

公共サービス改革のモデルは、コア経済に価値を置き活用することができず、価格による制限や契約の幅を狭める手法に依存しているために、解決というよりは、新たな問題を生み出してしまう。コ・プロダクションは、私たちがこのコア経済を再建し再び活気づけ、その潜在的な力を現実化する方法を示唆している。公共サービスの考え方を大きく変えることによって、人的資源を再発見し、専門職の需要を減らすソーシャルネットワークを再構築することができ、そして公共サービスの介在をサポートして成功に導くことができる。サービスの受け手や家族、近隣によって代表されるような、巨大な無駄にされた資源を解き放たなければならない。

コ・プロダクションは、サービスを受ける人を巻き込むことによって、資源、責任、力のバランスを専門職から個人へとシフトさせる。「人々は単なるサービスの受け手でもなければ、サービスニーズの倉庫でもなく」、公共サービスを変える資源そのものである[26]。コ・プロダクションは、専門職がクライアントの傍らで働くことで、どのようにサービスがデザインされ、届けられ、公共の財産を得るかについての革新の波を解き放つことをも意味する。

コ・プロダクションはコア経済の成長の過程の中心である。コ・プロダクションは「市民参画」や「サービスユーザーを巻き込む」というアイディアを超えて平等なパートナーシップを育んでいく。

コ・プロダクションは市民と公共サービス提供者の力動を変えて、「彼ら」と「私たち」の関係をやめる。代わりに、人々はそれぞれの実体験と専門的な知識に基づいて違ったタイプの知識やスキルを蓄えることになる。

（訳：西いづみ）

第4章　コ・プロダクションは
どのように効果を発揮するのか

　コ・プロダクションが社会科学の分野で認められるようになったのは40年近く前である。コ・プロダクションという概念は、2009年のノーベル経済学賞受賞者であるエリノア・オストロム（Elinor Ostrom）が最初に提唱したものである。インディアナ大学での彼女の研究チームは、1970年代のシカゴ警察についての一連の研究において、この「コ・プロダクション」という用語を創り出した。オストロムは、大規模なシステムによって集中的に管理提供されたサービスが予想ほど効果を発揮しなかった理由を説明しようとしていた[27]。彼女は、もしもある警察署がパトロールで一般市民に親しく声をかけるようなことをやめ、巡回はパトカーで行うことにして市民との接触を減らしたとすれば、何が失われてしまうのかを表現する言葉を探していた。そこで警察活動がうまくいく要素をはっきりと指摘できるのは一般市民だけであることを見いだした。コ・プロダクションを「同じ組織の『内部』にいない人たちが、商品の生産やサービスの提供に関与するプロセス」[28]と定義したのはまさにオストロムの研究チームであった。

　まずは学術的な定義として構成された概念を、システムの変化に関する実際的な手順に応用したのはエドガー・カーン[29]である。カーンはコ・プロダクションの概念を使って、彼が発案した「タイム・ダラー」や「タイム・バンク」を公共サービスに適用する手法を説明した。この手法が最初に適用されたのは、保健分野であった。初期の適用例のひとつとして、ワシントンDCにおける「タイム・ダラー

少年法廷（Time Dollar Youth Court）」が挙げられる。コロンビア地区の少年司法システム——ここでは多数派を占める黒人人口のうち、35歳以下の人の半数が服役中か、仮釈放中か、執行猶予中かのいずれかである——は崩壊寸前であった。事件が多すぎて、初犯と2回目の容疑者は、無罪放免にせざるを得ないような状態であった。少年法廷は事態を改善するために、少年犯自身を犯罪との闘いに参画させたのである。

さて、あなたは少年で、暴行や傷害以外の罪で初めてワシントンで逮捕されたものとしよう。今や法廷に召喚されたが、あなたの前には裁判官ではなく、同年代の陪審員たちがいる。この陪審員たちがあなたに質問し、審理し、判決を下すのである。そして判決には、あなた自身も陪審員の一員として今後の裁判に参加するという条件が加えられている[30]。そもそも少年法廷の目的とは犯罪行為の再犯予防のみならず、まずもって犯罪行為を引き起こすような条件を一部分でも変えることにある。少年たち自身に規範的行動を教え導く陪審員の役割を与えることで、この目的は実現できるのである。

2007年には少年法廷はワシントンにおける初犯犯罪の80％を扱った。判決後に陪審員となった少年の再犯率は17％に過ぎず、これは一般的な少年司法システムにおける再犯率の約半分である。同様のやり方で成功したシステムはウィスコンシン州のジェファーソン郡にもある。

英国においてコ・プロダクションは、司法システムをふくむ公的システムやボランティア活動の領域に登場した。ランカシャー州プレストンは少年法アプローチを発展させてきた。2009年、「修復的

司法（Restorative Justice）のためのナクロ・センター／プレストン・ピア委員会」は少年犯罪対策のための司法組織賞を受賞した。このプロジェクトは2007年9月に始まったもので、既に80ケース以上が結審している。これらの事件の被害者は250人に上る。このチームは今やストリート司法プログラムとして発展しており、これは少年たちに遵守事項の一部としてトレーニングの機会を提供するものである。本人をピア委員会のメンバーとして迎え、本人たち自身が関心のある分野のトレーニングを受けられるようにする。成人の司法システムでも同様のやり方は英国チャードの地域司法委員会で行われ始めている。

　慈善団体スコープは、コ・プロダクションというアイディアを障害者ノーマライゼーションに応用したパイオニアである。地域活動ボランティア（Community Services Volunteers：CSV）はボランティア活動において同様の役割を果たしてきた。マインド（MIND）などの組織は、人間的な賜物(Human Givens)という精神保健へのアプローチにおいて、コ・プロダクションというアイディアを用いている。「市民へのアドバイス事務局(Citizens Advice Bureau)」はロタ・プロジェクト（ROTA project）において、刑務所の収監者が相互に支援できるように訓練している。学校の中にも、教育活動におけるコ・プロダクションとして、両親を巻き込む試みを行おうとしているところが多い（行おうとしないところも多いが）。

　コ・プロダクションの範囲は予防を中心とするようなプログラムの作成にも及ぶ。たとえば看護師──家族パートナーシップである。これは貧困層の初産の母子を、子どもが2歳になるまで登録看護師がサポートするプログラムで、主な目的の一つは包容力とお互いを

サポートする力を養うことである[31]。コ・プロダクションはまた、ユーザーへのフィードバックも重要な要素として含んでおり、それはキーリング（Key Ring）のように、学習障害を持つ人を相互支援の地域ネットワークに組み込むことによって、自宅に住めるように支援している[32]。

　また、ユーザー自身の知識・経験を利用するようなプログラムもあり、たとえば英国の「エキスパート・ペイシャント・プログラム（Expert Patient programme）」の実践は、慢性的な健康問題を持った患者が他の患者に自らの経験を伝えるものであるが、5万人もの人が関わっている[33]。また相互サポートプログラムには、「生活共有サービス（Shared Lives services）」のような方法があり、これは以前には「成人のための養子（Adult Placement）」として知られていたが、障害を持つ人と長年にわたる家族問題を持つ人とのペアを作るやり方である。生活共有プログラムは、英国中で30年以上にわたって130の実践があり、共に生活する家族に個人を結びつける活動に発展している。

　コ・プロダクションは現にある社会システムにも活用しうる。たとえば「リーダーシップの学び（Learning to Lead）」プログラムは、サマセットの「青い学校（Blue School）」で5年前に始まったが、学校の運営方針や地域で起きる変化について検討するチームに学童を参加させる方法である。「リーダーシップの学び」は、すでに10カ所の中学で行われており、小学校でも始まろうとしている[34]。

　また別のやりかたとしては、既存のシステムを逆転させるような場合もあり得る。たとえばタフ・ハウジング（Taff Housing）は

カーディフでもっとも恵まれない人々のための1000戸以上の住宅を扱っているが、居住者（借り手）が住宅管理に関するボランティア活動を行えばポイントを得ることができ、このポイントはタフ・ハウジングが提携しているカーディフ・ブルー・ラグビー・クラブ（Cardiff Blue Rugby Club）やゲート芸術センター（Gate Arts Centre）のようなレジャー施設で現金代わりに使用することができるのである。

　こうした実践の効果として、公共サービスのとらえ方に大きな変化が起きていることが挙げられる。かつて公共サービスの立ち上げにはつきものであった、対象や手順について役所での内部調整を強迫的に行うことはなくなり、地域住民が支援ネットワークを作ったり、サービスの提供や拡大を行ったりするための潜在力が地域のどこにあるかを探る、といった外向きの見かたができるようになり、地域住民を単にサービスの受け手としてでなく、何らかのサービスの担い手になりうる存在としてとらえるようになった。こうしたコンセプトは、まさにサポートしようとしている人と肩を並べて仕事を進めることであって、公共サービスにおいては劇的にリソースを増やすことにつながる。つまりサービス提供の範囲を広げ、作業のしかたが劇的に変化し、これまでよりもずっと役だつものになる。コ・プロダクションによって、公共サービスの最重要の使命である、地域や家族のコア経済の拡大を実現することができる。

・**市民を資産として認識すること**。市民自身が現実的な意味で社会の財産であると扱うためにこの認識が可能になる。

・**労働をこれまでと異なった意味で価値づけること**。市民が、家族

を養い、お互いに助け合い、地域を健全にし、社会正義と適切な管理を保とうとする全ての活動を労働として認識するようになる。

・**相互扶助を促進すること**。サービスの提供と利用とを促進することができる。コ・プロダクションによって、市民どうしの信頼感が高まり、互いに尊重するようになる。

・**社会的ネットワークを形成すること**。住民の身体的・精神的な健康が、強固でタフな関係性によって支えられるようになる[35]。

　コ・プロダクションとは、公共サービスが犯罪や健康問題のような社会問題を予防するためのモデルであり、市民が現在おこなっていることと、将来できるようになることの範囲を押し広げるためには、その媒介を提供することこそが重要であるという考え方に基づくものである。たとえば、問題が大きくなる前に手を打つことができる相互支援システムを構築できるように、公共サービスが支援を提供する。まず問題が起こりそうな場所で問題の発生を未然に防ぐことができるような社会ネットワークの構築を図るのである。また何らかの危機にある市民や家族に対して、深刻な事態にも対処可能な専門的な支援を与えるのではなく、市民や家族どうしで危機への対処が続けられるように公共サービスが支援するのである。

　これらの事業を概観してみると、これらは「コ・プロダクション」というスローガンを掲げている以外にも共通点があり、それはこれらの事業が、患者たち、学童たち、親たち、その他サービスユーザーに何らかの行動を求めていることである。その行動とは、受けたサービスの代償として何かしたり、サービス提供そのものを支援

したりするような行動である。一般には相互支援ということになるが、これは相互に提供されるので公共サービスが効率的になる。さらにサービスについて別の視点を提供しているとも言える。つまりサービスにはプロとしての技術がなくとも、素人の幅広い能力が役に立つようなものもありうる、という視点である。コ・プロダクションによってサービス提供は効率的になるが、コ・プロダクションによってサービスはより人間的にもなりうる。地域活動ボランティアのエリザベス・フードルス（Elizabeth Hoodless）はこれを、コ・プロダクションは公共サービスを「より幅広く、より深くする」[36]と言っている。

コ・プロダクションは、未発見の巨大な社会資源を掘り起こす。つまり一般市民が学校や病院だけではなく、刑務所や保護観察所、住宅会社、福祉事務所の中や周辺で発揮するような巨大な能力である。共通して認められるのは、サービスユーザーに対する態度の変化である。アビー・レッチャー（Abby Letcher）博士は、フィラデルフィア郊外の保健センター（Community Exchange）におけるサービスへの主な影響を次のように述べている。

「まったく革新的な変化です。市民からみた倫理性や専門性という感覚に対する挑戦そのものなのです。すでに臨床医療も変えてしまいました。患者を『彼ら』と呼んで、『われわれ』と区別するようなものの見かた、つまり、われわれがサービスの提供者であって、市民は『ニーズを持つ受け手』であるという見方はもうできません。市民たちは単に種々の治療を必要とする存在ではなく、依頼してみるとそれに応じて貢献してくれる存在であって、関係性はまったく変化しています。文化そのものが変化しました。関係性は深くなり、

一般の医療におけるよりもより治療的でさえあるのです。」[37]

　このように、適切に理解された場合にはコ・プロダクションによって公共サービスのあり方の本質は変わり、実践のあり方も現実に役立つように変わることができる。

コ・プロダクションの委託
　2006年、カムデンのロンドン自治区では革新的な実験が始まった。これはサービス委託を利用者数ではなく、成果に応じて行おうとする試みである。新経済基金は、委員会や地域のサービス提供事業者、ユーザーと緊密に連携しながら、委託先が大きな効果を及ぼす理由を説明するためのモデルを考案した。このモデルは社会問題や環境問題には適用されなかった[38]が、精神保健のデイケアサービスに適用された。すなわち、就労訓練や雇用、身体的健康の向上、社会参加の増加、よりよい社会的ネットワークを成果として、これらを向上させることができる施設に委託を行うこととされた。入札は実際には次のように行われた。

　「サービス提供事業者には下記のことを求めたい。サービスにはコ・プロダクション・モデルを適用して専門家を尊重しながらも『しろうと』の経験をくみ取り、それに応じる、つまり提供者と受け手の相互に役立つかたちで計画され、提供されるものであること。サービスユーザーが資産として捉えられ、専門家と協働してサービス提供のパートナーとなること。…長期間持続可能な実質的変化が可能になるように社会的ネットワークを強化するアプローチによること。市民が自らの能力と責任を自覚し鍛錬すること。ネットワークとしての友人や家族を、このアプローチを成功させるためのよい要

素として捉えること。」

　カムデンに本拠を持つ第三セクターの複数の施設が協働して落札した。その施設とはカムデンのマインド、聖十字中央信託（Holy Cross Centre Trust）、カムデン・ボランティア事務所（主要なボランティア組織）である。これらは連携してコ・プロダクションの原則に基づくサービス提供を行っている施設の代表格であり、タイム・バンキングとピア・サポート・アプローチをサービスに関わる人たちの相互支援ネットワークの原則としている。

　サービスユーザーたちや、さらに広範にみてキングスクロス地区全体をサービスの単なる受け手としてよりも、むしろ潜在的な社会資源として捉えることで、この施設連合はカムデンのデイケアサービスにおいて、それまで無視されてきた社会資源を掘り起こしたと言える。すなわちユーザーの能力や知識である。さらにこの広い地域そのものを社会資源として捉えることもできる。つまりユーザーはお互いに支援し合い、その支援は単なるアドバイスからガーデニングやリフトの操作まであらゆることに及ぶ。つまりカムデンの施設連合によって、精神保健上の問題を持つ人々が自律的になり社会参加が可能になるような一般的な疾病マネジメントを提供するにとどまらず、サービスの社会的・環境的・経済的側面にも注目するようなとらえ方を提供したのである[39]。

（訳：梅野　充）

第5章　コ・プロダクションではないもの

　コ・プロダクションの合意された定義は存在しないが、それでも私たちはこの言葉を使う際に注意深くすべきである。例えば、オーストラリアの郵便局では、最近、人々が手紙に郵便番号を書く責任を負って行動する方法を記述するために、この言葉を用いた。これは、ここで私たちが使っている意味でのコ・プロダクションではない。

　コ・プロダクションに関する公的な議論の多くは、その言葉の意味・由来・働きについて、部分的な気付きしか示していない。内閣府でさえ、政策議論の本流においてアイディアを促進するための新しい根拠を壊しており、「市民と政府とが社会的問題に取り組むためのパートナーシップを確立すること」というような、広すぎる定義をしている[40]。ユーザーにアドバイスを求める共同企画やその他の形式は、コ・プロダクションの場を生み出すのに役立つかもしれないが、サービス提供における持続的な関わり合いが欠けてしまうこともありうる[41]。同様に、コミュニティやユーザーが、公共サービス専門家の関わり合いなしにサービスを提供した場合、これはとても価値あることなのだが、コ・プロダクションではない。次頁の表1が示しているように、ユーザーと専門家の知識がサービスの企画と提供のために結合された時に、コ・プロダクションが中央に充分な形で現れる。

　コ・プロダクションが何でないか（あるいは、完全なコ・プロダ

表1 サービスの企画と提供における、ユーザーと専門家の役割

		サービス企画の責任		
		専門家が単独で企画	専門家とユーザー／コミュニティが共同で企画	サービスの計画に専門家が関与しない
サービス提供の責任	専門家が単独で提供	伝統的な専門家によるサービス	ユーザー／コミュニティが共同で企画し、専門家が提供	単独のサービス提供者としての専門家
	専門家とユーザー／コミュニティが共同で提供	専門家が企画したサービスをユーザーと共同で提供	充分なコ・プロダクション	公式／専門的なものがほとんどないサービスを専門家とユーザー／コミュニティが共同で提供
	ユーザー／コミュニティが単独で提供	専門家の企画したサービスをユーザー／コミュニティが提供	共同で企画されたサービスをユーザー／コミュニティが提供	コミュニティが独自に提供

クションのためには、個別のどの要素が不充分か)を明瞭にするために、この表は役立つ。2～3の例についてさらに詳しく述べる。

◆**コ・プロダクションは、コンサルテーションではない**：コ・プロダクションは、公共サービスの専門家とユーザーの間の力のバランスの根本的な移動ができるかにかかっている。これは、何が効果を高めるかということである。コ・プロダクションは、過去10年以上にわたり、政府が好むコンサルテーション偏重の嵐を乗り越えてきたのだ[42]。コ・プロダクションは、専門家がサービスを提供する前に人々の意見を際限なく尋ねる必要があるという考え方への対抗策である。というのは、コ・プロダクションでは、人々がサービス提供においても同様に関わるからである。コ・プロダクションはまた、ユーザーが組織を管理するということだけでもない。そうなるのも重要ではあるが、そのやり方は、関わる必要がある人々のうち

少数にしか魅力がないからである。

◆コ・プロダクションはボランティアではない：コ・プロダクションは確かに、活動と時間を費やすことに関するものである。コ・プロダクションは、提供者と受給者との間の明確に定義された境界よりも、相互支援と関係のネットワークを強調している。しかし、それは、誰にとっても可能な新しいタイプの相互扶助を必要としているのであって、専門家の仕事とは別に、公共サービスから外れた多数の受身な貧困者に役立つボランティアを必要としているだけではない。ふだんボランティアやサービスの受け手側にいる人々が力を貸してくれるように請われたときに、公共サービスを変化させる力が現れるのである。ボランティア・セクターのボランティア精神は非常に大きな負担を強いるので、——もしコ・プロダクションが効果的に実現できるとすれば——それは公共セクターを通して起こるであろう。公共セクターの使命を再定義すること、それが正にコ・プロダクションの中核をなすものである。

◆コ・プロダクションは個人向け給付ではない：個人向け給付は極めて重要であるが、それ単独ではコ・プロダクションの実現にはならない。特に、給付が支持的な社会的ネットワークへのニーズを無視している時には、そう言える。慈善団体イン・コントロール（In Control）は、個人向け給付と「自ら方向を決めた支援(self-directed support)」と呼ばれているものとを区別しており、給付では、人々の頼ることのできる唯一の財産は金銭である。個人向け給付はこれまで、市場取引を伴った関係に置換されるように意図されてはいなかった。しかし政策立案者によって、社会的ネットワークを再構築する代わりに個人向け給付が用いられると、その結果は、受給者に

とって金銭も自信も以前より減ってしまう。個人向け給付だけではケアの消費者モデルの無効さを隠蔽してしまう。個人向け給付は、ユーザーに、自分たちの解決策を工夫したり提供したりする投資を積極的に引き受けるよりも、「解決策を購入する」もしくは受身的に消費するように助長するのである。

対照的にコ・プロダクションは、以下の点において、これらを乗り越えるのである。

1．コ・プロダクションは、公共サービスを変革する力を持っている： コ・プロダクションは関与している個人に対してだけでなく、実践に移そうと格闘している専門家およびシステム全体に対しても、潜在的に「変革の力」を持たなければならない。公共サービス従事者は、自分たちの役割や働き方についての考え方を改める必要があるだろう。そして、彼らが「ユーザー」とか「患者」「クライアント」として認識していた人々が、今度は対等なパートナーとなる。彼らは自らの態度、優先順位、研修を変える必要がある。彼らは、型にはめる役から変化を促進する役に変わる必要がある。このように提供される公共サービスと福祉システムは、定義上、より参加型で、公平で、ニーズに即応し、創造的に企画・提供されるものとなる。そして、公共サービスから利益を受けることになる人々は、強力かつ確実な利害関係を持つのであるから、より広範な公共支援をより自由に享受できるようになる。

2．コ・プロダクションは、対等な参加を促進する： コ・プロダクションは核心において対等さを保っていなければならない。誰もが対等な関係で参加する能力を持っていることを確実にする手段に裏

付けられている時だけ、コ・プロダクションはその原則に忠実であるといえる。その理由は、一つには、コ・プロダクションはサービスの「提供者」と「ユーザー」との間で対等なパートナーシップを育て、誰もが貢献に値する何らかの価値を持っていると認識することによって、異なる種類の知見やスキルに対等な価値を付与するからである。もう一つの理由としては、コ・プロダクションを効果的にするためには、既に有能で表現力があり社会的にも有利な立場の人だけではなくて、誰もが参加可能でなければならないからである。従って、コ・プロダクションを発展させることにより、私たちは不平等の潜在的な原因と、それに対する取り組み方について考えさせられるし、非常に異なる参加の枠組みを取り入れるよう強いられることになる。これは、多数の公共サービス専門家の認識とアプローチを変化させることを意味するだろう。

3．コ・プロダクションは、持続可能な公共サービスを構築する上で必要不可欠である：コ・プロダクションは「持続可能」でなければならない。公共サービスは、コ・プロダクションという方法によって人的資源の豊かさを引き出す。すなわち、人的資源を繁栄・拡大させ、活用するのであり、今後2～3年間以上、より貧しくなるであろう公的資金[43]による福祉財源を補完し増強するのである。コ・プロダクションは、障害やその結果としての需要の発生を予防することによって、予防できないニーズを満たすための公的資源の確保に役立つ。このようにして、コ・プロダクションは、必要不可欠な公共サービスの長期的な存続可能性を保証する。

4．コ・プロダクションは、公共サービスを委託する際にカギとなる役割を果たさなければならない：コ・プロダクションは、サービ

スが正しい方法で委託された場合、サービスのイノベーションを発展させる際、重要な役割を果たすことができる。公共サービスの削減、それは提供されるサービスを貧しくするだけでなく、しばしば、提供される地域をも貧しくするのだが、コ・プロダクションはそれに対する対抗策である。

　既に述べたように、制約された成果は公共サービス機関がかつて提供してきた本当の価値を無視しており[44]、とりわけ保健省が探し求めてきた「世界標準の委託」からはほど遠いものである。委託する人がコ・プロダクションを委託サイクルに組み込み、共同制作されたサービスを獲得することを試みる場合には、(カムデン委員会が精神保健デイケアサービスの契約をした時のように)、サービスの提供者とユーザーが、サービスの企画・提供においてもっとずっと重要な役割を果たすことが可能になる。結果として、彼らは、どんな公共サービスにおいても最も重要な構成要素——人間——をその核心に保つことをやり遂げたのである。これが意味していたのは、彼らの提供モデルが、直接の受益者やその家族と広域のコミュニティを(サービス企画の中に組み込まれた)現実的な資源として含んでおり、金銭面だけでなく関与した人々に対してもサービスをより価値あるものにした、ということである。

　以上の理由から、コ・プロダクションが、通り一遍のイノベーションになり得ないことは明らかである。それは、ニーズを減少し、社会的下部組織を再構築し、力のバランスを移動するという目的を持って、公共サービスの提供方法を根本的に変革するのである。

(訳：矢花孝文)

第6章 より少ない費用で多くの成果

　2008年の銀行救済以降、すべての国において、とくにイギリスでは、公共部門は緊急な引き締めが必要な状態であることが明らかになった。金融危機以前でさえ、NHSのようなサービスに費やされたここ約10年間の急激な支出の増大は終わりを迎えるだろうということは明らかであった。そして今では、将来の政府は、国家が均衡予算に近い状態まで戻すという大変な責務を持っているということを、私たちは十二分に認識している。私たちは、コ・プロダクションが公共サービスをより効果的にするのに不可欠な役割を持っていることを述べてきた。また、コ・プロダクションが、公共部門縮小の時代にそれを運営しやすくする役割を担うことを示すのも重要である。

　コ・プロダクションにおける最も画期的で成功した例が、一見最も解決しにくくすべて検討されつくしたように見えた領域に見られたのは偶然ではない。このことは、公共サービスは一度コ・プロダクションを中心に構築されれば、より費用対効果が高いということを示唆する。なぜなら、コ・プロダクションにより生まれたサービスはより良く機能するからである。コ・プロダクションによって生み出されたサービスの費用対効果が高くなるのは、必ずしもコストがより少ないからという理由からではない（それも可能ではあるが）。それはより効果のある成果を生み出し、人々を不健康な状態に陥るのを防ぎ、または、ほとんどの既存のサービスに比べ、より良い成果を成し遂げるよう人々を援助するからである。

コ・プロダクションには、人々が病気になることを防ぎ、ウェルビーイングを増強し、そして社会にほとんど聞き入れられなかった人々を包含するために役立つという、かなりなエビデンスがある[45]。コ・プロダクションはそもそも、人々の生活の質を維持・改善し、人々と地域社会の自助の機会と能力を拡大することによりニーズが生じるのを未然に防ぐよう設計されている。これは人々のより強固な社会的ネットワークの構築の手助けとなる。

　イギリスの成人における精神科領域の問題の全国調査において、患者群とメンタルヘルスに問題のない人々の間の最も有意な違いは社会参加であることが明らかになった[46]。社会的ネットワークが限られている（3人以下の親しい友人や親戚）場合、これは将来のメンタルヘルス問題の主要予測因子である。コ・プロダクションはその主な目的として、人々とサービスの周辺にこれらの支援ネットワークの構築を位置づけている。これによって、人々のウェルビーイングの維持と経費節約という二重の利益がもたらされる[47]。

　コ・プロダクションによるサービスがより費用対効果が高いもう一つの主要な理由として、コ・プロダクションによるサービスは、クライアントや家族や周囲からの援助・支援・努力といった形で更なるリソースを取り込むということがあげられる。主に代価が設定されていないため、これらの非金銭的リソースは現在の効率性モデルにおいては考慮されていない。それらのリソースを効果的に運用するには、私たちのサービスの構造を効果的にかつ抜本的に改革する必要がある。ただ、運用可能なリソースは膨大でこれらの貢献は必要不可欠である。コ・プロダクションの重要な要素はすでに吟味

されてきたため、コスト削減に関するエビデンスも存在する。それらは以下のようなものである。

• **より良い成果をもたらす:** アメリカでの看護師と家族のパートナーシップ・プログラムが15年にわたって検討された。そのプログラムでは児童虐待とネグレクトが48％減少し、ティーンエイジャーのような子供の逮捕は61％減少し、「手におえない行動」は90％減少した。これは換算すると大変大きな効果であり、投資の5倍の利益を生み、更に関係した子供一人当たり約41,000ドルの公共支出の節約になる[48]。

• **問題の発生を防ぐ:** ウィスコンシン州ジェファーソン郡のティーンコート(Teen Court)は、若者に関して、ワシントンのユースコート(youth court)と同様に扱うことにしている。通常の裁判所ではなくティーンコートで扱うことにより、子供一人当たり地方司法制度において11,510ドルの節約となる。これは、一部は正式な司法制度を通過する基本的なコストを回避することによる。けれどもティーンコートには再犯減少において非常に有効な成果をあげ(通常30％に比べわずか7％)、国庫に大きな節約をもたらしている[49]。

• **より多くの人材を動員する:**「生活共有サービス (Shared Lives services)」は、障害のある人々を家族または他の長期にわたる障害のある人々と結ぶサービスで、質の高い支援を比較的低いコストで供給するため、価格に比して高い価値を提供している。コストと成果は個人間で大いに異なるが、学習障害を持つ人々に対する旧来の支援に比べ、生活共有サービスでは一人当たりの平均的節約の見込みは一週間995ポンドになり得る[50]。

更なるリソースという意味での影響は非常に大きい可能性がある。2008 年、スコットランドの公立の学校の生徒は 681,573 人であった。これらの若者が、学校にいる間に「リーダーシップの学び (Learning to Lead)」で学ぶのと同じように、各々一週間に 1 時間を彼らの学校や地域社会の生活に寄与した場合（平均 39 週）、これは 26,600,000 時間分のコア経済の成長につながると同時に国民としての貢献をも意味するであろう[51]。

　2007 年の一週間の間に、イングランドの 300,000 人近い成人が、公共サービスにより資金提供をうけた独立セクターによる「人間中心のサービス (person-centred service)」を受けた。彼らが、キーリングスキーム (KeyRing scheme) で受けたサービスと同じように、各々 3 時間を同じような状況に置かれている人にサービスを提供した場合、一年を通して更に 900,000 時間の貴重なピアサポートを生み出し、専門家の時間を他の事に活用することができる[52]。

・セルフヘルプと行動変容を促進する：健康を改善するための行動変容は、より多くの注目を集めている分野である。最善のエビデンスに関する総説は、介入による四つの側面が効果的であると同定した。それは、教育的な要素を利用すること、最初の介入後継続的な支援を提供すること、家族が参加すること、ピアまたは専門家でない医療従事者が社会的支援をすることである[53]。四つの側面のなかで、一番目の側面を提供するのはおそらく専門家が最適であろう。四つの側面にわたって介入するために、彼らのスキルやリソースを引き出すには、家族や地域社会のネットワークと一緒に取り組む必要がある。減量や禁煙同様、特に家庭医 (GP) のクリニックを通じ

て促進された行動変容は、非常に大きな改善をもたらす可能性がある[54]。防ぐことができる病気を治療することで、160億ポンドの削減の余地がある[55]。

・限られたリソースを上手く利用する：「エキスパート・ペイシャント・プログラム（Expert Patient programme）」の分析によると、そのプログラムは家庭医の受診を7%減らし、救急外来受診を16%減らした。家庭医の受診を回避したことにより27〜58ポンドを節約し、また救急外来を利用しなかったために患者一人当り84ポンドの削減を示した[56]。南東ロンドンのニューハムのような恵まれない地域における結果は目覚ましく、半数の患者は病院の受診を減らした。45%あまりのプログラム参加者は自信が増し、症状が生活の妨げにはならなかったと報告し、38%はプログラム終了4〜6ヶ月後に症状の重症度が減弱したと報告した[57]。

・レジリエンス支援のための社会的ネットワークを促進する：社会的ネットワークは排除されたグループにとって非常に大切である。イギリスの16〜64歳の成人における精神疾患の罹病率の全国調査では、排除されたグループとメンタルヘルスの問題のないグループとの間の最も有意な違いは、社会参加であることが示された[58]。アメリカでの医療環境におけるタイム・バンクの調査でも健康の向上を示している[59]。これらの最初の例として、ブルックリンのメンバー・トゥ・メンバー（Member to Member）が1987年にエルダープラン（Elderplan）医療保険会社によって発足し、人々はある程度金銭的恩恵を受けたため、それは全ニューヨーク市を対象にするほどに拡大した[60]。

・**ウェルビーイングの改善**：約 16％の成人と 10％の児童がうつ病や不安障害などのメンタルヘルス問題に罹患している。NHS では年間 130 億ポンドがメンタルヘルス問題とその合併症の治療に費やされている。転帰の改善と需要を緩和することにより、コ・プロダクションは人々のウェルビーイングに大きな効果をもたらすことができる[61]。Foresight Mental Capital とウェルビーイング報告 (Wellbeing Report) は、「全人口において、平均的レベルのウェルビーイングの僅かな改善を達成することで精神障害の割合が大きく減少し、また、潜在的な障害を持つ人の割合も大きく減少するであろう」とエビデンスに基づいて示唆している[62]。

これらすべての例は、コ・プロダクションによって生まれたサービスは既存の公共サービスと経済的に競えると同時に、問題の防止、持続可能な成果、レジリエンスの強化、そしてさらなる基礎能力の産生などの付加的な利点も生み出すことを明示している。

それでは、なぜコ・プロダクションによって生まれるサービスは未だに主な投資の対象にならないのだろうか。第 1 に、この種のいわゆる省庁間の境界にまたがる投資の利益は、しばしば、他省庁の管轄の予算についてしまう。第 2 に、公共サービスにおける効率性の課題は、短期的コストの軽減に精力を注ぎ、長期的有効性を確立するための非金銭的リソースを論じることが困難であるからである。すでに述べたように、今は継ぎ接ぎ作業をする時ではない。特に公共サービスの危機的時代に、これらの時代遅れな経理上の規則がサービスの革新能力を制限し続けることは容認できない。

（訳：鈴木基之、小川潤一郎、武田隆綱）

結論　コ・プロダクションの次のステップ

　コ・プロダクションは、あらゆる分野を通じて、また公営と民営の間や公営とボランティアの間で、非常にはっきりと見られるようになってきている大きな変化の一部である。このことは、革新的なロビン・マレイ（Robin Murray）によって、「新社会経済（new social economy）」[63]として述べられてきた。

　マレイは、これを生産と消費に基づく古いモデルとは異なるものとして記述している。新社会経済は「関係性を支え運用するための広範なネットワーク」を用い、生産者と消費者の境界を設けず、ケアやメインテナンスのような繰り返し行われる非公式のふれ合いに力点を置き、強い価値意識に依拠している。マレイは、肥満、糖尿病、高齢者人口、その他多くの問題によって強まる社会的圧力と緊縮財政のもとで、この社会経済を加速させる状況が起こり始めていると主張している。彼はまた、社会経済がいかなる規模であれ、前進するために資本、方法、技術をいかに必要としているかを説明している。

　マレイは、この新経済の背後に現れてきている「並外れた革新の精神」について、前進への新たな方法は古いシステムと貧困な資源のために後戻りを強いられているとして、「圧力鍋」を引用して記述している。同様の「圧力鍋」は、公共サービスを互恵化しようとする政治的議論において明らかに見られる。三つの主要政党全てが、かなりずれた認識の「地域性」を責任あるユーザーと関連づけよう

としている。マレイは、全体として社会経済の変化に対して三つの方向を示唆している。そして、これらはコ・プロダクションの次のステップへの有益なガイドでもある。

　第1は、「国を再構成する」ことである。コ・プロダクションは、いかなる規模においても前進するために、すなわち単に成長のための試みではなく、コ・プロダクション改革を実施するために、新しい種類の組織と構造を必要とする。このことは、公共サービスが新たな、柔軟で、地域行政単位の、個別的な形をとることを意味しており、現在の制度では不可能なことである。これらは現存するサービスの周辺で現れつつあり、主流のサービスを変えつつある。「我々は地域社会を再建するために国を使わなければならない」と保守党の党首デイビット・キャメロン(David Cameron)は言った[64]。しかし、コ・プロダクションの本質はこれよりも更に根本的である。それは国を再建するために地域社会を使おうととしているのである。我々の課題はこのプロセスを早めることである。

　第2は、「成功しているネットワークから学ぶ」ことである。このことは単に仮想ネットワークを意味するものではない。扱いにくい問題に取組むために、人のネットワークがいかに使われてきたかを学ぶことを意味している。バングラデッシュの少額貸付銀行であるグラミーン銀行が貧困者に貸付を可能とした方法や、ボストン保健慈善事業体 (Boston-based charity Partners in Health) がラテンアメリカの多剤耐性結核にどのように取組んだかなどについて学ぶことである[65]。これらは、コ・プロダクションの明らかな実践例である。

将来のサービスの形には重要な意味がある。我々は、サービスがそれ自体を変えるのを助ける必要がある。そうすることで、サービスはプロセスや目標、そして堅苦しい基準など内に目が向く傾向がずっと少なくなり、代わりに、時流の要求を抑えられるような新たな相互的ネットワークを築くためにユーザーを巻き込んで、外に目が向くようになる。新社会経済を背景として、コ・プロダクションはこれら一般的潮流を公共サービスに応用したものである。そのことは、ユーザーのニーズと能力を反映する人的サービスを提供するために、機能を拡張した診療所、病院、団地（それらは各々ある程度重なるものであるが）を創りだすことを、機能を拡張した学校の成功例から学ぶということを意味する。そのことは、サービスを使うということが、あなたを助ける専門家や他のユーザー及び隣人（あなたはまた彼らが回復し学ぶことを助けることになるが）との対等の関係を開始するということを意味する。それはまた、全ての地域サービスが、それぞれの地域内の関係性を再建することを意味するものである。

　専門家の訓練も、彼らがもっとずっと柔軟な方法で対処できるように変わらなければならない。我々はリスクの可能性に再び目を向ける必要がある。意思決定者、特に政治家は、有権者に感謝されるニーズに応える慣習に縛られたアプローチを見直すことによって、ベヴァリッジ合意の欠点に立ち向かわなければならないであろう。

　マレイが第3に指し示していることは、「新機軸をより良く理解する」ことである。我々はこれらの考えがいかに実践できるかを急ぎ見る必要がある。一般的に言えば、コ・プロダクション分野は未だその可能性がわかっていない。この出版が契機となり、新経済基

金とネスタはこれら先駆的な人々や機関との間で交流することを始めた。そして、お互いの経験から学ぶことができるようにし、また異なるサービス領域でどのようなことが機能しているかを見出そうとしている。我々は、この革新的な新しい分野により明確な意見を提供し、公共サービスの新たなアプローチの必要性を切実に感じている実践者と政策立案者との間に架け橋をつくろうとしている。

それとともに我々は、英国においてコ・プロダクションを主流とするための、いくつかの主要な課題に取り組もうとしている。これには、コ・プロダクションの適切な定義を定め、コ・プロダクションが最も大きなインパクトを与えると思われる公共サービスの領域（特に扱いにくい問題や過剰な要求に直面するサービス）を同定することが含まれる。

それはまた、次のことを意味する。
適切な評価尺度を同定する：目標、規格、ベスト・プラクティスという考え方は、変革に反する傾向がある。特に、サービス提供のより基本的な側面にインパクトを与えるように考案された変革に対しては、そうした傾向が強いといえる。経済的困難がある場合には、中核となる目標や規格以外の試みは外されることになりがちである。目標というものが持つ主たる弱点は、それが固定的実践を普及させ、サービスが主要な問題に取組むのを妨げるということである。我々は、カムデンにおける委託事業のような、コ・プロダクションが根づくための方法を見出す必要がある。コ・プロダクションに沿って公共部門組織を再形成するには、転帰尺度を重視した一連の目標と明細事項から免れるべきである。我々は、このことを可能とするために、このプロジェクトを使おうとしている。

経理の問題に取り組む：公共サービスをより予防的なものにしようとするいかなる改革も、公共部門の予算獲得と同じ問題に直面する。システム内のどこか他の部署に節約できた費用が生じても、それを共有する仕組みはほとんど無い。そのことは、まず第一に節約できた費用を正当化することが困難であることを意味する。この背後には、なお解決すべき概念上、研究上の問題がある。我々は、既に利用できるエビデンスを共に描くために、そして主流のコ・プロダクションの費用と利益を更に綿密に見ていくために実践家とともに働くつもりである。

合理的なリスクの恐れに取り組む：扶助金請求者がコ・プロダクションに参加しようとするとき、扶助金の種類によっては既に一つの問題がある。就労不能手当を受給している人たちは、コ・プロダクションに参加すると明らかな利点があるにもかかわらず、扶助金受給にリスクがかかる。新しい健康、安全、「保護」の制度の下では、いかなる犯罪歴であれ犯罪者がコ・プロダクションに参加することはほとんど不可能である。独立保護機関の「審査・除外事業（vetting and barring scheme：VBS）」は、当事者主導の効果的なコ・プロダクションの方法に、切実な脅威を与えている。

「私は、VBSが私を必ず除外することになるような犯罪歴を持つ」と、マーク・ジョンソン（Mark Johnson）はガーディアン（The Guardian）に書いた。「しかし、それは私に若い犯罪者とともに働く資格を特別に与える犯罪歴でもある。それは、薬物乱用者に対して特別な理解を可能とする私の薬物乱用体験の年月である。それは、私が人生で体験した変化であり、犯罪者と薬物乱用者が聞きたいと思うような変化である。刑務所長は私に、収容者たちに対して所長

が3年かけてできる以上のことを、私なら30分でできると言った。」

実践的モデルを開発して検証する：既にコ・プロダクションの試みは、様々な場所と方法で多くの経験をしてきている。来年にかけて、我々は実践家が共通の技術と条件が何であるかを明らかにできるように支援する。それはコ・プロダクションを興隆させ、既存の経験の文献を作ることであり、更にコ・プロダクションを発展させようとしている人たちへの援助と助言をすることである。我々はまた、この仕事の価値のエビデンスをさらに強めるための必要なツールを開発するために、実践家とともに働く。

　機会は無限にある。しかし、コ・プロダクションの条件作りのために残された課題も非常に多い。次の12か月間にわたる一連のイベントと出版により、それらをはっきりさせることを支援し解決策を提供することが、我々の仕事になりつつある。もしあなたがコ・プロダクションの実践、調査、研究に従事しようとしているなら、我々に加わることを勧めたい。もっと詳しいことを知りたいときには、新経済基金のジュリア・スレイ（Julia Slay）とコンタクトを取って下さい（julia.slay@neweconomics.org）。

（訳：小川一夫）

文　献

1. Hope, P. (2009) Speech at conference on 'Putting People First: One Year On.' 25 March 2009.
2. Cameron, D. (2007) Speech. 29 January 2007.
3. Clegg, N. (2009) 'The Liberal Moment.' London: Demos.
4. Beveridge, W. (1942) 'Social Insurance and Allied Services.' London: HMSO.
5. Coote, A. and Franklin, J. (2009) 'Green Well Fair.' London: new economics foundation.
6. These three characteristics of different phases of welfare philosophy in the UK have been partly borrowed and adapted from Coote and Franklin, ibid.
7. See for example Blair, T. (1998) 'The Third Way.' London: Fabian Society.
8. See Wanless, D. (2002) 'Securing Our Future Health: Taking a Longterm View.' London: HM Treasury; and Financedepartmentet (2004) 'Langtidsutredningen.' Stockholm: Financedepartmentet.
9. Chapman, J. (2004) 'System Failure: Why Governments Must Learn to Think Differently.' London: Demos.
10. The best description of Goodhart's Law ("Any observed statistical regularity will tend to collapse once pressure is placed upon it for control purposes.") is in Hoskin, K. (1996) The awful idea of accountability. In Munro, R. and Mourtisen, J. (Eds) 'Accountability: Power, Ethos and the Technologies of Managing.' London: Thomson.
11. Parker, S. and Heapy, J. (2006) 'The Journey to the Interface.' London: Demos.
12. Ryan-Collins, J., Sanfilippo, L. and Spratt, S. (2008) 'Unintended Consequences.' London: new economics foundation.
13. See estimates in Craig, D. and Brooks, R. (2006) 'Plundering the Public Sector.' London: Constable and Robinson.
14. Kirby, J. (2009) 'The Reality Gap.' London: Centre for Policy Studies.
15. Seddon, J. (2007) 'Systems Thinking in the Public Sector.' Axminster: Triarchy.
16. Cahn, E. (2001) 'No More Throwaway People: The Co-production Imperative.' Washington DC: Essential Books.
17. Bunt, L. and Harris, M. (2009) .The Human Factor: How Transforming Healthcare to Involve the Public can Save Money and Save Lives.. London: NESTA.
18. Ibid.
19. Ryan-Collins, J., Sanfilippo, L. and Spratt, S. (2008) 'Unintended Consequences.' London: new economics foundation.

20. Public Administration Select Committee (2008) 'Public Services and the Third Sector: Rhetoric and Reality.' London: HMSO.
21. See Jellinek, D. (2009) 'Prevention is Better than Cure.' Guardian Public, 28 October 2009.
22. See www.guardianpublic.co.uk/total-place-prevention-health
23. Ibid.
24. Cahn, E. (2001) 'No More Throwaway People: The Co-production Imperative.' Washington DC: Essential Books; and Stephens, L., Ryan-Collins, J. and Boyle, D. (2008) 'Co-production: A Manifesto for Growing the Core Economy.' London: new economics foundation.
25. Goodwin, N., Nelson, J., Ackerman, F. and Weisskopf, T. (2003) 'Microeconomics in Context.' New York: Houghton Mifflin.
26. Stephens, L., Ryan-Collins, J. and Boyle, D. (2008) 'Co-production: A Manifesto for Growing the Core Economy.' London: new economics foundation.
27. Ostrom, E. and Baugh, W.H. (1973) 'Community Organization and the Provision of Police Services.' Beverly Hills: Sage Publications.
28. Parks, R.B., Baker, P.C., Kiser, L., Oakerson, R., Ostrom, E., Ostrom, V., Percy, S.L., Vandivort, M.B., Whitaker, G.P. and Wilson, R. (1981) Consumers as coproducers of public services: Some economic and institutional considerations. 'Policy Studies Journal.' Vol. 9, No 7., Summer, pp.1001-1011.
29. Cahn, E. (2001) 'No More Throwaway People: The Co-production Imperative.' Washington DC: Essential Books.
30. Time Dollar Institute (2003) 'Time Dollar Youth Court Annual Report 2003.' Washington DC: Time Dollar Institute.
31. See www.nursefamilypartnership.org
32. See www.keyring.org.
33. See www.expertpatient.co.uk
34. See www.learningtolead.org.uk.
35. This list is adapted from Cahn, E. (2001) 'No More Throwaway People: The Co-production Imperative.' Washington DC: Essential Books.
36. Quoted in Stephens, L., Ryan-Collins, J. and Boyle, D. (2008) 'Coproduction: A Manifesto for Growing the Core Economy.' London: new economics foundation.
37. Interview with David Boyle, June 2009.
38. Harrington, R. and Ryan-Collins, J. (2009) Users as producers: innovation and coproduction in Camden. In Parker, S. (Ed.) 'More than Good Ideas.'

London: IDeA.
39. Ibid.
40. Horne, M. and Shirley, T. (2009) 'Coproduction in Public Services: A New Partnership with Citizens.' London: Cabinet Office.
41. Bovaird, T. (2007) 'Beyond Engagement and Participation: User and Community Co-production of Services.' London: Carnegie Trust and Commission for Rural Community Development .
42. There is an excellent hierarchy of different kinds of co-production in Needham, C., (2009) 'Co-production: An Emerging Evidence Base for Adult Social Care Transformation.' SCIE Research Briefing 31. London: Social Care Institute for Excellence.
43. See also Coote, A. and Franklin, J. (2009) 'Green Well Fair.' London: new economics foundation.
44. Ryan-Collins, J., Sanfilippo, L. and Spratt, S. (2008) 'Unintended Consequences.' London: new economics foundation.
45. Seyfang, G. and Smith, K. (2002) 'The Time of Our Lives.' London: new economics foundation; see also Garcia, I. (2002) 'Keeping the GP Away.' London: new economics foundation.
46. For example Jenkins, R., Meltzer, H., Jones, P., Brugha, T. and Bebbington, P. (2008) 'Mental Health and Ill Health Challenge.' London:Foresight.
47. The Government has recognised the importance of preventative strategies as essential for the future sustainability of the NHS; see Department of Health (2006) 'Our Health, Our Care, Our Say: A New Direction for Community Services.' Norwich: TSO.
48. See www.nursefamilypartnership.org
49. Dall' Asta, R., Lemoine, P., Riggs, B., Rushmer, E. and Shager, H. (2005) 'Jefferson County Teen Court: A Cost Benefit Analysis.' Jefferson County, Wisconsin: Delinquency Prevention Council.
50. NAAPS/IESE (2009) 'An Evaluation of the Quality, Outcomes and Cost-effectiveness of Shared Lives Services in South East England.' Liverpool/Oxted: NAAPS/IESE.
51. See http://news.bbc.co.uk/1/hi/education/8048127.stm
52. Community Care Statistics 2007-08, Grant Funded Services England.
53. Workshop on 'Changing nutrition behaviour to improve maternal and fetal health' , 4 July 2008, The 1st Summer Nutrition Workshop of the International Society for Developmental Origins of Adult Health and Disease, at the University of Nottingham, in association with the Nutrition Society, Physiological Society and Early Nutrition Academy. Paper written

by Baird, J., Cooper, C., Margetts, B.M., Barker, M. and Inskip, H.M. from the Food Choice Group, University of Southampton.
54. Darnton, A. (2008) 'GSR Behaviour Change Knowledge Review: Overview of Behaviour Change Models and their Uses.' London: Government Social Research.
55. Bunt, L. and Harris, M. (2009) 'The Human Factor: How Transforming Healthcare to Involve the Public can Save Money and Save Lives.' London: NESTA.
56. PSSRU (2007) 'Unit Costs of Health and Social Care.' London: PSSRU.
57. Leatherman, S. and Sutherland, K. (2007) 'The Quest for Quality in the NHS: Refining the NHS Reforms.' London: Nuffield Trust.
58. Jenkins, R., Meltzer, H., Jones, P., Brugha, T. and Bebbington, P. (2008) 'Mental Health and Ill Health Challenge.' London:Foresight.
59. Lasker, J., Baldasari, L., Bealer, T., Kramer, E., Kratzer, Z., Mandeville, R., Niclaus, E., Schulman, J., Suchow, D. and Young, J. (2006) 'Building Community Ties and Individual Well Being: A Case Study of the Community Exchange Organization.' Bethlehem, PA: Lehigh University.
60. Metropolitan Jewish Health System (2003) 'An Evaluation of Elderplan's Time Dollar Model.' New York: Metropolitan Jewish Health System.
61. Boyle, D., Clark, S. and Burns, S. (2006) 'Hidden Work: Coproduction by People Outside Paid Employment.' York: Joseph Rowntree Foundation; also Boyle, D., Clark, S. and Burns, S. (2006) 'Aspects of Co-production: The Implications for Work, Health and Volunteering.' London: new economics foundation.
62. Foresight Mental Capacity and Well-being Project (2008) 'Mental Capital and Wellbeing: Making the Most of Ourselves in the 21st Century.' London: Government Office for Science.
63. Murray, R. (2009) 'Danger and Opportunity: Crisis and the New Social Economy.' London: NESTA.
64. Cameron, D. (2009) 'The Big Society.' Hugo Young Memorial lecture. 10 November 2009.
65. See Yunus, M. (2003) 'Banker to the Poor: The Story of the Grameen Bank.' London: Aurum Press. The Partners in Health example is in Kidder, T. (2003) 'Mountains Beyond Mountains: The work of Dr Paul Farmer.' New York: Random House.
66. Johnson, M. (2009) 'Middle-class voices hush up a criminal waste of resources.' The Guardian, 21 October 2009.

公共サービス革新機構(LAB)とコ・プロダクション

　我々の公共サービスは、先例のない課題に直面しており、現在の経済的危機の衝撃によって切迫した状態となっている。公共サービス再建への伝統的アプローチは、我々が必要とする答を提供してくれそうにもない。

　ネスタは、公共サービスを提供することの革新的な方法を見出すために、専門的知識を適用しようとしている。安い費用でより効果的な解決策は、創意を通じて初めてできることである。我々が立ち上げた「公共サービス革新機構（LAB）」は、最も革新的な解決策のいくつかを試みつつあり、地域の公共サービスを比較・評価するために用いるようになってきている。

　コ・プロダクションは、我々が直面する挑戦に応えるより良い方法を提供する、公共サービスのための新しい見方である。それは、市民が既に持っている資源を認めることと、サービスを市民とのパートナーシップでユーザー、家族、隣人に届けることに基づいている。初期のエビデンスは、コ・プロダクションがより良い転帰を、しばしばより少ない費用でもたらす効果的な方法であることを示唆している。

　この文書は、コ・プロダクションの理解とそれを公共サービスにいかに応用できるかについての理解を促進するために、LABと新経済基金による大規模プロジェクトから出された最初の出版である。我々は、英国において先駆的な取組の最前線で活動している人たちのネットワークを築いてきた。彼らは、市民に関わりサービスを改善するためにコ・プロダクションを用いており、今後これらの

見識とエビデンスを、公共サービスと政策立案におけるコ・プロダクションの積極的な環境を作るために用いるであろう。

新経済基金（new economic foundation：nef）
　新経済基金は、真に経済的に良好な状態を鼓舞し明示する、独立した機関としてのシンク・アンド・ドゥタンク（think-and-do tank）である。我々は、経済的、環境的及び社会的課題に関する主流の考えに挑戦する革新的解決策を作ることによって、生活の質を改善することをめざしている。我々はパートナーシップにもとづいて活動し、人と地球を第一に考える。

www.neweconomics.org

（訳　小川一夫）

イギリスにおける公共サービスの背景

　翻訳全文の「第1章　公共サービス改革の重大局面」（本書25頁）では、イギリスがこのような改革に至る過程が示された。この過程を訳出するには、イギリスにおける社会福祉施策を十分に理解しておく必要があった。訳者は外国の社会福祉施策に関する知識には全く乏しく、論文の背景を知るために様々な資料をあたったところ、ブレア政権期の、非常にわかりやすく簡略にまとめられた文献を見つけた。読者がこの書を読み進むにあたり、参考としていただければと考え、その骨子を紹介する。

> 「イギリスにおけるソーシャル・エクスクルージョンと障害者」
> 　著　マリリン・ハワード Marilyn Howard（英国社会政策アナリスト）
> 　　翻訳　寺島　彰（浦和大学）
> http://www.dinf.ne.jp/doc/japanese/resource/other/marilyn.html

　この論文において示されているのは以下の3点である。
①「第三の道」という考え方：福祉と経済、権利と責任、コミュニティー活動のかかわりについて。
②ブレア政権の鍵となるテーマ：公共事業の改革、官民協調について。
③「第三の道」の一つの側面であるソーシャル・エクスクルージョンについて：具体的な障害者施策と第三の道の影響について

　英国の障害者数は約860万人であり人口の7人に1人が障害者である。

【英国における第三の道とブレアリズムの影響】

　「第三の道」という考えは、トニー・ブレアと新労働党とが共同で構築したものである。新右翼でも旧左派でもない中道左派としての考えである。以下に「第三の道」の鍵となるテーマを示す。

(1) 福祉と経済の統合
　「第三の道」の基本的な要素は、福祉と経済の目標が一致すること、そして福祉と経済が互いに協調しあえることである。労働党委員会は、不平等格差の拡大が経済の健全性を損なうことを報告している。労働党委員会は次の三つの報告をしている。
・富の分配にこだわる旧左翼の「平等主義者」は、富の生産を無視している。
・新右翼の「規制緩和主義者」は、社会正義は公共事業の削減、市場への委託で実現できると信じている
・労働党委員会は「投資家の英国」という中道の選択肢を提案した。収入よりも機会の再分配を通じて福祉と経済の協調を図るという提案である。
　新労働党は、従前、保守党が失業者と経済不振対策として行った多大な出費に対策を講じ、また、健康と教育に対する長期の公共支出に支出報告を求める制度を作った。目標は、景気の循環を超えて雇用率を上げていくことであった。
　さらに、「企業の社会的責任」が福祉と経済の課題として挙げられた。企業の社会的責任とは、企業が地方や貧困地域に投資すること、地域の計画を支援すること、雇用の機会に恵まれない人を雇用することなどを意味する。イギリスの通商産業局には、都のための任務を負った大臣がいる。また、通商産業局は高齢者や障害者を含

めた様々な労働者の雇用について事例紹介を行っている。

(2) 権利と責任の強調

　1998年の議会報告書では「第三の道」を、国と市民の契約と表現している。これは、手当の申請者、雇用主、公務員に対し、それぞれがそれぞれ全てに対し権利と責任を負うことを意味し、次の原則に基づいている。
・社会は、自らを世話することのできないような、本当のニーズがある人を援助する責任がある
・個人は、自分でできることは自分で行うという責任がある
・労働は、労働可能な人にとっては、福祉から脱却するための最適の方法である

　これは手当の支給だけでなく積極的な支援により福祉から労働へ導くということを意味する。政府の戦略は、「自らを支援しようと思う人を支援する」福祉国家を実現することだった。この戦略の一つにジョブセンタープラスという施設がある。これは、労働可能年齢にある人に雇用と手当の双方を処遇するものである。雇用主と、就労しようとする個人に対応するもので、病気や障害のある者の雇用の支援などを行っている。

(3)「コミュニティー」の重要性

　「コミュニティー」もまた、経済的成功にとって重要なものと考えられている。コミュニティーとは、倫理的価値を共有し、社会の結束を強めるものである。非営利団体コミュニティーやボランティアセクターが、新たな民主主義と政策決定において、市民の積極的社会参加を推進する重要なものと考えられ、政府との協同が推進された。

○ブレア政権の影響

　トニー・ブレアの最初の任期は、目標の提起であり、第二期はその目標に基づくサービスの提供、特に中核となったのは行政改革であった。

【第三の道と行政】

　ブレア政権の重要課題は公共事業の改革であった。旧来のパブリックセクターから、新しい公共事業への路線変更を試み、「消費者の選択肢のさらなる拡大」とした。

○官民のパートナーシップ

　官民パートナーシップ研究委員会の報告では、官民パートナーシップは、公共事業のための資金調達に余分な負担がかからず、また、支援の質の改善と対応の速さという利点があることを示している。

　医療ケアなど英国の公共事業の資金調達には四つの方法がある。一般税（全納税者から）、国民保険（雇用主、被雇用者から）、利用者の個人負担（医療は無料だが社会的ケアへの支払いがある）、民間保険（補償範囲は極めて限定的）。医療費はほとんど一般税から資金を調達している。

　一方で、サービス提供に関しては、官民様々の組み合わせがある。高齢者や障害者対象の施設および在宅ケアの二分の一は民間・ボランティアセクターが担っている。また、学校の掃除なども民間業者に委託されている。一方、住宅手当の支払いはほとんど国によって行われている。

　その他、失業者の復職支援プログラムが官民パートナーシップによって管理され、より効果的な雇用結果をもたらしているという報告がある

官民共同で事業を行う場合は、社会的ニーズと公共の利益に応えているか否かという基準があり、また、費用対効果や改善点が明確であるかどうかということを示さねばならないとされている。

○改革の原則
　政府は、公共事業の改革に関して以下の4主要原則を挙げた。
①明確な説明責任に関する国家規格：国は供給事業者ではなく、調整役であるとして、目標を達成するための国の最低基準を定めた。「全国サービスフレームワーク」は、サービスが満たすべき基準を定め、介護サービス非対象であった疾患を減らそうとしている。
　また、学校や病院、地方政府のサービス供給の水準について格付けが導入された。
　地元の人や信託組織に勤める人から選ばれた諮問委員会によって運営される監査機関が成立し、病院信託が提案された。
②第一線への権利の移譲：医療や介護などの政策を地域に移譲。また、権限や資源を中央政府から公共事業を行う第一線のスタッフに移譲し、個々の利用者のニーズに見合う支援を行う。例えば、職業安定所では、個別相談員の自由裁量権をより柔軟にし、雇用問題解決のための自由裁量の利く新しい基金を作っている。
③より柔軟に：雇用受託業者は、雇用プログラムの3段階について独自のプログラムを作成することが認められている。受託業者は、結果に応じて報酬を得る。クライアントが就職した場合報酬が支払われ、また、就労が3か月以上続いた場合、より多くの報酬が払われる。その他のプログラムでも結果や支援の進展に対して報酬が支払われる。
④消費者の選択：以前は事業供給者の範囲が限られていたが、ボランタリーセクターや民間事業者の技能や経験に着目した選択も可能

となった。

　さらに、地域の人や利用者自身による互助組織に公共事業の一部をまかせるという「コミュニティーオーナーシップ」という概念も提案されるようになった。公営住宅の管理などが相当する。

【社会企業と社会起業家】

　「第三の道」によって「社会起業家 Social Entrepreneur」と「社会企業 Social Enterprise」への関心が高まってきた。公共利益の実現における社会企業の意味は、これまで必ずしも明確ではなかったからである。

　社会起業家とは：利潤ではなく、福祉の促進を目的とするが、ニーズに応えるためのビジネスを行う者と定義されている。こうした起業家は官民の溝を埋めることができる可能性がある。こうした起業家はけっして高所得者ではないが、まだ、障害者や貧困地域の住人には起業家として働いている例は報告されていない。障害者の起業家を育成することで、各種相談や助成金、差別禁止、手当に関する規則などに関する処遇が進歩する可能性がある。

　社会企業とは：多様な形態がある。例えば、ソーシャルファーム social firms、慈善団体の出先機関（小売り店など）が含まれる。法的に規定された団体ではなく、何をなすかということで決まる。通産省によれば、「社会福祉を目的とし、その利益はビジネスそのものやコミュニティーの目的を達成するために再投資する企業」とされる。特徴としては以下の３点がある。

・市場に商品やサービスを直接提供するという指針を持っている
・雇用創出、地域サービスの提供やそのための訓練など福祉目的の達成のために利潤が再投資されるという目的を持っている

・利用者、コミュニティーグループ、社会投資家のような団体が参加していること。

　ソーシャルファームの従業員の四分の一以上は障害者やその他弱者である。雇用支援、雇用機会を提供する雇用環境を持ち、雇用の賃金は市場価格によって決定される。その1例が「第四セクター」というスコットランドの会社で、ゲストハウスやクリーニング店、ケータリングなどいくつかのソーシャルファームを持ち、それぞれの職場では、精神疾患を持つ従業員が非障害者とともに働き、訓練と職業経験を積む。

　ソーシャルファームは、障害者のための保護的な就労と、支援付一般就労の中間に位置する。雇用主助成金や政府の補助金は出ていない。

　このソーシャルファームのような社会企業は数がまだ少ないが、多くの組織により立ち上げが推進されている。

○社会企業は公共事業に参加できるか？

　ボランティアセクターは、短期の助成金に頼っているため公共セクターの仕事の入札に参加できない。また銀行は社会企業をリスクの大きいものとみているようである。しかし政府は社会企業が、消費者に距離が近く、革新的であり、民間セクターに懸念されるようなサービスの質の低下や極端な利潤追求という問題を解決できる存在とみている。

　実際問題として、契約交渉に要する費用は社会企業にとっては高額であり、また、公共団体は指定の業者や経験のある業者と取引する傾向にある。政府は、医療やコミュニティーケアなどの領域で公共事業に携わるボランティアや社会企業を支援するための基金の導入を発表している。

【第三の道とソーシャル・エクスクルージョン Social Exclusion】

　ソーシャル・エクスクルージョンとは、何らかの原因で個人または集団が社会から排除されている状態のことである。
　ブレア政権は、児童の貧困、年金生活者の貧困、ソーシャル・エクスクルージョンの問題に取り組むことを公約とした。ソーシャル・エクスクルージョンの問題に取り組むために重要なことは、第1に所得の問題だけでなく、その他の問題に関する政策も検討すること、第2に貧困およびエクスクルージョンに取り組むための地域を基盤とした戦略を立てること、第3にコミュニティーの取り組みである。

○貧困以外のソーシャル・エクスクルージョン
　ソーシャル・エクスクルージョンとは、個人や地域が、失業や低所得、住宅難、高い犯罪率、不健康、家庭崩壊など複合的な問題を抱えるときに起こりうる状態である。ソーシャル・エクスクルージョンに取り組むために鍵となるテーマには以下のようなものがある。
・子どもの国語能力、算数能力、学習への好奇心を向上させ、不登校問題に取り組む
・就労支援と訓練を受けやすくすること
・医療の不平等を軽減させる
・住宅供給の増加
　政府による貧困な住宅政策、コミュニティーの軽視もまた、ソーシャル・エクスクルージョンの原因の一つであると考えられてきた。問題に個別に取り組むのではなく、複合的に取り組むために、政府内にソーシャル・エクスクルージョン課 Social Exclusion Unit が設置された。
　また、ソーシャル・エクスクルージョンを未然に防ぐために、教

育や訓練、支援を確保することで貧困を未然に防ぐべきであると政府は考えている。

　障害者は、教育や就職、余暇活動の機会が制限されていること、低所得、高コスト、他者の否定的態度など複合的な要因の相互作用で、社会から排除されている。イギリスの2002年の調査では、障害者の5人に1人が参加拒否や公共交通機関を利用できないなどの理由で商品やサービスを得られないという状況に遭遇している。また、障害者は貧困地域に集中していた。

○**地域主導性**
　前述のソーシャル・エクスクルージョン課は、貧困地域を分析し、最も貧しい地域とその他の地域の格差（犯罪率、住宅基準、医療、雇用）を軽減するという目標を立てた。例えば「確かなスタートプログラム Sure Start Programme」は3歳以下の幼児とその家族を支援するプログラムであり、終日保育と高品質の幼児教育、親への働きかけや保健サービスなどが行われた。

　その他にも貧困地域での雇用の増加、ビジネスの発展を目的として国内に2000の「企業地帯」を指定する取り組みが行われた。政府の取り組みの対象選定は、その地域の特質に基づき行われている。

○**コミュニティー重視**
　ソーシャル・エクスクルージョンへの取り組みにおいて、政府はコミュニティーを重視し始めた。しかし、報告によれば、「燃え尽きて」しまったり、コミュニティー内の緊張関係が生じた地域もある。また、黒人やエスニック・マイノリティーの住民のコミュニティーへの包摂は進んでも、性差や障害に関する排除にはあまり注意が払われない傾向にある。　コ・プロダクションという概念も発

展しつつある。これは専門家とサービス受給当事者が連携することで、効果的な福祉が実現されるという概念である。例えば、子供や高齢者の世話、移動支援など、コミュニティーの住人がお互いに提供するような相互支援が相当する。今後、保健サービスに関する責任の共有など、いくつかの分野での主題となるだろう。

【第三の道と障害者政策】

ソーシャル・エクスクルージョンの原因について、個人の問題なのか、社会の問題なのかという議論がある。医学モデルは個人とその障害を強調し、社会モデルは社会の在り方に焦点を当て、社会が変わるべきであると考える。障害者政策の変遷の背景となるこの議論について述べる。

○障害モデルと「第三の道」の影響

保守政権下における障害者政策は、医学モデルを反映したものであり、障害者に対する主な対応は手当の支給であった。それに対し、ブレア政権下では個人に対する支援だけでなく、個人と社会の要素を考慮に入れ、障害者と非障害者の互助が提案された。障害者も平等に職に就き、権利を主張すべきであることが論じられた。

○第三の道の要素における障害の考え方

最初に示したように、第三の道の鍵となる三つの要素とは、「福祉と経済の結合」「権利と責任の強調」「コミュニティーの重視」であった。

経済と福祉の結合：障害者が従業員として、また消費者として、企業に対して利益を挙げることができるという認識は広がってきている。雇用主の調査においては、4社に1社が障害者雇用は、企業

によいイメージをもたらすと回答している。

　権利と責任の強調：保守党政権時代には、割り当て雇用率制度が存在した。しかし、この割り当ては強制力を持たず雇用主はこの雇用率を無視しているといってよかった。1995年に障害者差別禁止法が成立、雇用上障害者を排除することは違法であるとされた。

　コミュニティーの重視：脱中央集権化が進み、地方自治体は地域の組織やボランティアなどコミュニティーと共に働いている。保健サービス関係機関とも協力し、自立のための、また利用者中心のサービスを推進する予算が追加されている。

○手当と雇用政策

　就労不能者のための手当の平均継続期間は9年、女性、50歳未満の者、精神障害者の受給が増加していた。新労働党政権下では、改革が行われ「働くことができる人には仕事を、働くことができない人には保障を」というスローガンに基づく支援が行われるようになった。改革後の重点は、障害者雇用率の増加、障害者雇用率と全体的な雇用率の格差是正、障害者の権利改善、障害者の社会参加に対する障害を取り除くことに置かれるようになった。

　保守党の政策では支援付きの障害者雇用、雇用のためのリハビリテーション、設備や支援員の整備の評価と推進が中心だったが、新労働党政権は、就労不能で手当を受給しているものに対し保護的な雇用ではなく、職業斡旋支援を通じて一般雇用に道を開く方向に向かった。

○障害者に関するニューディール（新規まき直しのための政策）

　就労困難と考えられてきた手当受給者を対象とした新たな政策ニューディールでは二つの試験的プログラムが行われた。最初のプ

ログラム（1998年～2000年）では、12の地域でパーソナルアドバイザーサービスが行われ、内六つは公立の職業安定所が、残りの六つは非営利民間団体が行った。その結果、官民のサービスの結果はほとんどなかった。対象者は受給資格者の約6％であった。

第2のプログラムは2001年に開始された。一つ目のプログラムと異なり、60以上の官民、ボランティアセクターからなる職業斡旋事業者の全国ネットワークが政府との契約のもとにサービスを提供。登録者が職業斡旋事業者を選択できるようにした。はじめの2年間で5万人が職業斡旋事業者に登録し、1万6500人が就労した。登録者数はまだ少ない状態である。

パスウェイ pathways は、就労不能手当を申請する最初の段階にある人への支援である。精神障害、その他身体的問題を抱えた人を対象とし、就労への動機づけのために復職手当やアドバイザー裁定基金助成金が支給される。パスウェイの試行のため、職業斡旋事業者の契約は2年間延長された。

○障害者と行政改革

政府は、雇用プログラムにおける民間団体、ボランティア団体の受託業者の利用継続と拡大を行ってきた。ジョブセンタープラスは270のボランティア、民間団体の供給事業者に委託されているし、支援付き雇用プログラムワークステップも民間事業者と契約している。

1980年代に施設介護の費用が急上昇し、在宅介護を求められるようになったことから「コミュニティーケア」という概念が発達した。裁定機関の設置により、重度の障害者が独立して自宅に住むことができるようになった。基金から手当と介護が支給される。ブレア政権はボランティア組織対象に「個人的支援援助対策」を行い、助成金を出している。

○選択と競争
　事業者への報酬は、登録者の就労結果に基づき支払われる。登録者が26週間継続して就労した後にのみ支払いが行われるので、就労が続きそうな準備ができている登録者が選ばれやすいという傾向が引き起こされる。また、登録者が減少したり、就労までの時間がかかった場合には斡旋事業者には報酬がなくリスクを背負うこととなる。登録者は斡旋事業者を多くの選択肢から選べるということはほとんどなく、地域によっては事業者が一つしかないこともある。ジョブセンタープラスのアドバイザーは、公平な選択と競争を確保するために、斡旋事業者を対象者に直接紹介することは禁じられている。斡旋事業者は登録者を引き付けるような商品開発を積極的に行い、実際の就労可否よりもその事業者の魅力に惹かれて行ってしまう登録者もいる。最も就労者数の多い事業者の公式情報は公表されていない。その結果、競争が機能しているのかどうか、斡旋事業者の成功につながる要因は何なのかが不明瞭になっている。
　就労結果に基づいて報酬が支払われることで、斡旋事業者は支援可能な登録者を選び出すことに集中するが、その一方でニーズを持っている支援の必要な人々は置き去りにされている。

○**民間団体は、障害者に対してより良い結果を出すことができるのか？**
　民間およびボランティアセクターが雇用プログラムを運営する効果に関する研究では、良い結果を出しているものもあれば、官民のサービスの違いを証明できなかったものもある。政府は民間およびボランティアセクターと協調的にプログラムを進めようとしているが、一方で、前述のパスウェイでは公的なアドバイザーを活用しようとしている。というように、まだ政府の意図ははっきりしない。

【問題点と今後の方向】

○障害者のための公共政策における社会企業の役割

　前述のソーシャルファームはデイケア施設から発展し、さらに以前より発展している。また、パーソナルアシスタンス事業（現金を受給し、ケアを自ら購入することを望む人の支援）も需要がある。

　互助という点で発展させるべき考えは、被雇用者と雇用主の関係である。被雇用者には仕事を提供し、労働能力を向上させ、生活管理を提供し、また、雇用主には労働力を提供する。労働者と企業が必要としているものが調整される。

○手当の受給と就労の関係

　手当の受給と雇用政策は難しい関係にある。手当を受けるためには就労不能であることを証明しなければならないが、職を得ようとするためには就労能力があることを証明しなければならない。この関係に取り組むために就労に焦点を当てた面接のような試みが行われたが、解消は難しい。

○適切な介入を決めるための手段

　障害者にとってどのような介入が適切であるかが明らかになってきた。例えばエンプロイメントゾーンでは年齢や障害程度、受給している手当の額、経験などを指標として、登録者の就職可能性について類型化している。しかし、どのような仕事をどのような人に斡旋すべきかについてはいまだ明確な根拠がない。

○予防とリハビリテーションの強調

　より予防的な戦略のために医学的リハビリテーションと職業リハ

ビリテーションの統合を行うにあたり社会資源の不足という問題がある。疾病手当を受給している6週目から2週目までの人への健康および雇用対策への介入を検討するための「職業継続とリハビリテーション」という試行事業が行われた。また、雇用支援と健康管理プログラムを結合させるということも推進されている。

○雇用主、事業者の責任の拡大
　政府は障害差別禁止法を拡大して、障害者を不当に差別することのないよう、環境の改善を事業者に求めた。また、小企業の免責を廃止した。政府は2006年までに障害に関する人権機関とその他人権機関を一つの人権委員会にまとめると宣言した。その主なテーマは公共政策の中心に平等と人権という観念を置くことと、官民、ボランティアのパートナーシップである。

参考文献：英国の青少年育成施策の推進体制等に関する調査報告書．内閣府政策統括官（共生社会政策担当）平成21年3月

（源田圭子）

コ・プロダクションと生活臨床

はじめに

　ここでは、コ・プロダクションの概要を整理した上で、それが精神保健医療サービスの領域でどのように活かせるかについて、特に生活臨床との関連で検討してみたい。

I．コ・プロダクションの概要

　コ・プロダクションは、公共サービスの抜本的変革の必要性から生まれたものであり、そこには、サービスに対する根本的な発想の転換が見られる。すなわち、ユーザーをサービスの単なる受け手としてではなく、共に創り出すパートナーとして位置づける。

　コ・プロダクションは、公共サービスの立案・提供を、専門家とユーザー及び家族・近隣が対等な協力関係に立って担う新たな方法である。ユーザーや家族・近隣は重要な人的資源と位置づけられ、サービスの立案・提供において本質的役割を担うことが期待される。そこでは、誰もがその人ならではの知恵と力を持つとされ、それらが専門家の知識・技術と対等な価値を持つとされる。

　専門家とユーザー・家族・近隣が相互に持てる力を発揮し合うことで、サービスは初めて効果的なものとなる。専門家がユーザー等から意見を聞くという形式だけのものでは効果は限定的であり、逆にユーザー等が専門家との関わり合いなしにサービスを提供しようとしても限界がある。各々がどんなに力を発揮しても単独では効果的なサービスとはなり難かった従来の取り組みを、コ・プロダクショ

ンによって乗り越えることができることが強調されている。

　コ・プロダクションによって生み出されたサービスの費用対効果が高くなるのは、必ずしもコストがより少ないからという理由からではない。コ・プロダクションは、これまで社会にほとんど受け入れられなかった人たちをも含めて人的資源を拡大し、その豊かさを引き出す。ユーザー・家族・近隣の力を活かすことで、公的資金による財源を補完し増強する。同時に、そこに関わる人たちが社会参加を通してウェルビーイングを増強し、不健康な状態に陥るのを防ぐことによって、サービスは真に効率的なものとなる。

　更に、コ・プロダクションは互恵的な関係性のもとで、サービスの周辺から更なる人的資源を取り込み、信頼を基盤とした持続可能な地域支援ネットワーク構築の手助けとなる。地域支援ネットワークは、パソコンに例えれば、オペレーティングシステムに相当するものであり、社会的インフラとしての一環を担うものとして公共サービスの重要な礎となる。

　このように、コ・プロダクションは、専門家とユーザー・家族・近隣とが対等性と互恵性を基盤とし、双方の信頼関係を築き、それぞれの長所・持ち味を発揮しあう共同の取り組みを推進しようとするものである。

　そこで次に、こうしたアプローチを精神保健医療サービス領域でどのように活かせるかについて、生活臨床のこれまでの取り組みとの関連で見てみたい。

Ⅱ．生活臨床の理念と方法

1．生活臨床誕生の経緯

　生活臨床は、統合失調症の「再発予防5ヵ年計画」の取り組みから生まれたものである。同計画は、1958年に群馬大学で臺弘教授

が提唱し、後に招聘された江熊要一助教授の指導の下に、神経精神医学教室挙げて取り組まれた。

当時といえば、薬物療法もようやく始まったばかりの時期で、統合失調症の予後は極めて悲観的とされ、人里離れた精神科病院に隔離収容することが中心の時代であった。この時期に、病棟の完全開放化、外来診療の強化、地元の保健師の訪問活動によって生活を支える地域ケアの開発、統合失調症の再発予防に挑んだことは、当時の状況を考えれば、画期的な取り組みであった。

まずは病棟の改革から始まり、保護室も含めた病棟の完全開放化、受け持ち看護体制、患者会、家族指導強化、後保護（アフターケア）相談会、休息入院・週末入院制度、昼間病室（デイケア）などの導入によって病棟診療体制を強化した。また、外来の受け持ち医制度、精神科診療所、総合病院精神科外来の開設などによる外来診療の強化を図り、更には地域保健師による支援体制づくりに乗り出し、勉強会、家庭訪問、職親開拓と職場訪問、患者会・家族会結成支援など地域生活支援活動を展開していった。

こうした取り組みの中で、再発は生活と密接に関連して起きるものであることに気づかれるようになった。当時は統合失調症が再発する原因はよくわからず、内因性精神病という呼称のもとに不問に付されるのが一般的であった。しかし、生活の中で再発の過程を見てみると、しばしば生活上の出来事を契機とした「心因」によって起こることから、生活臨床は「再発心因論」の立場に立った。しかし、「心因」といっても、それを精神病理とか深層心理に求めたのではなく、具体的な日常生活の出来事に求めたことが特徴である。

ところで、この再発予防の取り組みでは、再発自体を予防することは極めて困難であることがわかった。しかし、再発したとしても入院期間は短く、それ以前のように再発を繰り返すたびに予後が悪

化するという傾向は少なくなった。そこで、再発は望ましいものではないが、再発自体を恐れず、長期予後の改善を見据え、社会適応の改善、社会参加の促進を主要な目標にした。再発自体の予防を主要な目標にすると、再発の心配がある就学・就労などの社会参加を避けてしまい、結果として、病院・施設処遇になってしまうと考えたからである。再発に結びつく生活上の出来事は、病状改善の契機ともなることから、治療においても、この生活上の課題の解決と達成支援に重点が置かれるようになった。

こうして生活臨床は、病気を生活との関連で捉え、患者・家族の生活から病状を見立て、生活を手段として働きかけるアプローチであり、患者・家族・地域の人々と共に実践し経験を重ねる中で、その方法を発展させてきている。

2．見立てと働きかけの基本的スタンス

それでは、病気を生活との関連でどのように捉えるのか。生活臨床は、統合失調症の患者が示す生活行動から特徴を整理し、その特徴に基づいた働きかけを考え出そうとした。

統合失調症患者の生活行動から、人生を貫く縦断的な生活行動の特徴を「生活類型」とし、日常生活のレベルの横断的な生活行動の特徴を「生活特徴」とし、これらをあわせて「生活特性」と呼んだ。つまり、縦と横の生活行動の特徴によって、個々の患者の「生活特性」を捉えようとしたのである。

「生活類型」では、能動型と受動型を区別した。能動型は自ら生活を拡大しては生活破綻に陥るタイプ、受動型は周囲から生活を拡大されて生活破綻に陥るタイプである。それぞれの特徴は次頁の表1のようにまとめられる。「生活特徴」では、直接生活破綻につながるわけではないが生活をしづらくしている「日常生活行動パター

表1　生活特性（生活類型と生活特徴）

生活類型	
能動型	受動型
・社会生活の経過のうえで、現状に安住せず自分から変化と拡大をつくりだそうとする。 ・生活に不満を表す。 ・人にまかせられない。	・社会生活の経過のうえで、現状に安住し自分から変化をつくりだそうとしない。 ・生活に不満を表さない。 ・万事人まかせ。
生活特徴	
日常生活行動パターン	指向する課題
・名目、世間体、評価に拘泥し敏感である。 ・目先の利にとらわれて短絡行動を起こしやすい。 ・課題に直面すると選択を放棄するか、行動の統御を喪失して混乱しやすい。	・異性に関すること（色） ・金銭・損得に関すること（金） ・学歴・地位・資格などに関すること（名誉） ・健康に関すること（体）

ン」と、達成に失敗すると生活破綻につながる「指向する課題」があることが判明した。

　そして、「指向する課題」については、一人の患者にとって、これら四つの範疇の課題すべてに反応するわけではなく、そのうちのある一つの範疇の課題の達成に失敗すると生活破綻するということが認められた。更に、これらは単に生活破綻に関係しているだけではなく、この課題が達成する方向にあるか、実際に達成されれば、生活は発展し、病状・社会適応の改善がもたらされることもわかった。従って、失恋で生活破綻した「異性」に関する課題を持つ患者に、自動車を買って慰めるという「金銭・損得」の範疇からの支援で置き換える働きかけは無効である。「異性」に関する課題を持つ患者には、「婚活」など結婚支援のプロセスを踏むことに集中することが重要であり、そのことによって、時には著しい改善を期待することができる。

　こうした見立てと働きかけの方法は、それぞれの統合失調症患者

にどのような支援をしたらいいのか、的を絞った具体的指針を示すことを可能にした。さまざまな生活課題や多様なストレス全てに対処する必要はなくなり、真に必要なところに注意と働きかけを集中することができるようになったといえる。

　生活臨床は、生活行動に現れた特性（生活特性）に着目し、その「生活特性」に応じて働きかけの方法を発展させてきたといえる。そして、「生活特性」を踏まえて「指向する課題」の達成支援に力点を置くようになってきている。

3．「指向する課題」の達成支援

　生活臨床は、当事者との間に納得ずくの治療関係を築くことを基本とするが、その眼目は、当事者本人が何をめざし、どのような生活を望んでいるのかを共有し、その実現のための支援を共同して進めることにある。本人がめざす生活上の課題（指向する課題）にしっかりと向き合うことが、意欲と力を引き出し、生活の行き詰まりを打開する第一歩となる。

　「指向する課題」は、その実現が困難に直面すると生活破綻（再発）に陥るリスクを内包するものであるが、支援者と共に本気で実現しようとした取り組みでは、結果としてそれが達成できなかったときでも、良好な社会適応を得ることが少なくないことが注目される。このことは、その達成支援のプロセスそのものに回復過程を促進する効果があることを示唆するものである。

　それでは、達成支援プロセスにはどのような治療的意義があると考えられるだろうか。第1には、治療関係への好影響、すなわち、治療アドヒアランスが向上することである。こうしたプロセスでは、治療者が生活に一層目を向けると共に指向性に更に関心を抱くことによって、本人の気持ちを大切にし、生活への理解を深めることに

なる。患者にとっては、自らの指向性に焦点が当てられることで、治療に積極的な姿勢で参加しやすくなる。

　第2は、自尊感情を高めることである。働きかけの焦点が症状や障害ではなく、本人の持てる力や有利な環境条件に当てられることによる効果である。「指向する課題」の実現に活かせる本人の力を最大限引き出すことと、様々な資源を活用することを中心とした働きかけのプロセスは、本人の長所を重視することにつながり、自尊感情を高めることとなる。

　第3に、生活の主体としての自分を取りもどすことである。生活のあり方は多様であってよいが、どのような生活のあり方であれ、生活が本人にとって意味あるものになることが核心として重要である。「指向する課題」の達成支援のプロセスは、こうした意味のある生活を築くことにつながるものであり、生活の主体としての自分を取りもどす過程ともなる。

　第4は、行動の自己制御が利くようになることである。「指向する課題」に正面から向き合うことは、再発のリスクを抱えるということでもあることから、これを避ける方が無難であると見る向きもある。しかし、実際はそうした無難な狭い枠に抑えこもうとするだけでは安定は得られず、生きがいを失って閉じこもったり不満や反発からしばしば逸脱行動が現れたりする。ところが、「指向する課題」に沿った支援のもとでは、自分の行動を客観視する面が見られるようになり、自己制御が利くようになることが少なくない。

　そして第5は、良好な社会適応を得ることである。信頼できる人との交流を通して得られる効果である。治療者を含めて周囲の人々に指向性が受け入れられることで、信頼感がはぐくまれる。対人交流を持てることにより、社会的存在としての自己を保つことができるようになる意義は大きいと言える。社会的適応においては、人と

の関係性が主要な問題であり、人とのつながりを持てるようになることが重要である。心がつながり、自己の存在を肯定できるようになることは、良好な社会適応を得る基本要件に他ならない。

Ⅲ．生活臨床に見られるコ・プロダクション
　　　──特に「作戦会議」について

　このように生活臨床は、病気を生活との関連で捉え、患者の希望を生活の中で実現しようとする一連のプロセスである。このプロセスは、治療者が医学的専門知識を駆使するだけでは成し得ないことであり、患者・家族及び地域関係者たちとの共同の取り組みが欠かせない。

　生活臨床が重視する点は、当事者本人の指向性に焦点を当てた支援を基本に据えることである。そして、支援の枠組みやプロセスが、創造的な取り組みにふさわしいものになっていることである。すなわち、本人が行為の主体として課題に向き合えるような支援であり、本人の持つ力を最大限に発揮できるような支援である。ここには、コ・プロダクションと通じる要素が見て取れる。コ・プロダクションは、誰もが尊重されるべき価値を持つことを前提とし、対等性と互恵性を中核とする概念であり、正にこうした要素が支援の基本的スタンスの構成要件として重要であることがわかる。

　「指向する課題」達成支援のプロセスでは、当事者本人のみならず家族や関係する地域の人たちの積極的関わりが欠かせない。特に生活臨床における家族史療法を踏まえた「作戦会議」の取り組みは、その中心的役割を担うものである。「作戦会議」では、当事者の人生と家族運営の行き詰まりを解消するために、患者・家族と治療者がそれぞれの立場から意見を出し合って、解決策を協議して実行に移すものである。

「作戦会議」には、コ・プロダクションとの関係で以下のような注目されるアプローチがある。①患者、家族、学校・職場などの関係者と共に治療方針を立てる。②生活特性を見立て、「指向する課題」を同定する。③「指向する課題」の達成支援に焦点を当て方針を立てる。④達成支援のプロセスで繰り返し開かれる。

そして、「作戦会議」を軸とした支援アプローチには次のような治療的意義があると考えられる。①生活特性の見立てや「指向する課題」の同定の精度を高めるためだけでなく、患者・家族が納得する治療方針を作ることができる。②患者は統合失調症を抱えるという逆境にあっても人生の活路を見出し、自分が活き活きする。③両親など支援者が、自分の人生と重ね合わせて見ることができるようになると、素晴らしい知恵を出せる可能性が拡がる。④会議を含む支援プロセスそのものが、患者・家族・支援者を十分に励まし、社会的学習の経験になり、これらが総合して効果を発揮する。

おわりに

生活臨床は、これまでの取り組みの中で、精神保健医療サービス分野におけるコ・プロダクションの一つのあり方を示しているとも言える。コ・プロダクションでは、ユーザー・家族・近隣を人的資源として重視するが、こうした人たちの持てる力を如何にして発揮できるようにするかは実践的課題としてある。生活臨床における「指向する課題」達成支援の取り組みは、この課題に応える先駆的な方法の一つを提示しているように思われる。

ユーザーが支援者とともに課題に創造的に立ち向かうコ・プロダクションの思想は、生活臨床の実践的立場とも共通する面が多く、精神保健医療領域での今後の取り組みに貴重な示唆を与えるものと思われる。

（小川一夫）

編集後記

　コ・プロダクションの翻訳は、英国の政治・経済事情に通じていない訳者たちにとって容易ではない作業であった。編集に当たっては、分からないことをそのまま提示するよりも、われわれなりに理解して意訳し、意味を一貫させる方針を取った。カタカナ表示は頻用されているものに限るようにして、定訳があるものは優先した。

　公共サービスの危機はわが国でも英国同様に深刻であり、なかでも保健・医療・福祉の分野では改革の方向性すら見えて来ない。我々が関連する精神保健・医療・福祉は、おそらくコ・プロダクションが最も多くの成果を期待できる分野であると言える。多くの人々にコ・プロダクションを知ってもらい、ともに学んでいきたいと考えている。

　新経済基金とネスタによるコ・プロダクションに関する出版は、その後も精力的に続けられている。『公共サービスをひっくり返す——コ・プロダクションを実施する Public Services Inside Out – Putting co-production into practice, April 2010』、『まさにここで今——コ・プロダクションを主流に Right Here, Right Now – Taking co-production into mainstream, July 2010』、『住民による健康保持コ・プロダクションの実例 People Powered Health Co-production Catalogue, April 2012』などである。

　コ・プロダクションは思想でもあり、技法でもあるという。思想として理解することも簡単ではないが、それを技法として実践に移すことは更に困難である。実践には環境条件・地域の特性の違いを認識しなければならないからである。しかし、手の届かないところにあるのではなく、注意深く見るとわれわれもすでに一部で実践しているかも知れない。

今後とも我々はコ・プロダクションを深く理解し、日常実践を改革し、精神保健・医療・福祉の創造的発展に貢献したいと考えている。本書が、我国でコ・プロダクションについて学ぼうとする人に少しでも役に立てば幸いである。

（長谷川憲一）

【編者・監訳者・訳者紹介】(掲載順)

伊勢田 堯（代々木病院）
源田 圭子（東京都立精神保健福祉センター）
梶　達彦（都立多摩総合精神保健福祉センター）
西 いづみ（都立中部総合精神保健福祉センター）
梅野　充（都立多摩総合精神保健福祉センター）
矢花 孝文（みさと協立病院）
鈴木 基之（吉田病院）
小川 潤一郎（吉田病院）
武田 隆綱（武田メンタルクリニック）
小川 一夫（中之条病院）
長谷川 憲一（榛名病院）

〈PHNブックレットNo.18〉
コ・プロダクション：公共サービスの新たな挑戦
——英国の政策審議文書の全訳紹介と生活臨床

2016年9月30日　初版第1刷
編　者　小川一夫、長谷川憲一、源田圭子、伊勢田堯
監訳者　小川一夫、長谷川憲一
訳　者　伊勢田堯、源田圭子、梶達彦、西いづみ、梅野充、矢花孝文、
　　　　鈴木基之、小川潤一郎、武田隆綱、小川一夫
企画・編集　全国保健師活動研究会

発行者　谷　安正
発行所　萌文社（ほうぶんしゃ）
　〒102-0071　東京都千代田区富士見1-2-32　東京ルーテルセンタービル202
　　　　　　TEL 03-3221-9008　FAX 03-3221-1038
　　　　　　郵便振替　00190-9-90471
　　　　　　Email info@hobunsya.com　URL http://www.hobunsya.com

印刷・製本／モリモト印刷　装幀／レフ・デザイン工房

©Kazuo Ogawa. 2016. Printed in Japan　　　ISBN978-4-89491-321-9 C3036